闽南师范大学教材建设基金资助

文化策划与创意

高显莹　著

西南交通大学出版社
·成都·

图书在版编目（ＣＩＰ）数据

文化策划与创意 / 高显莹著. —成都：西南交通
大学出版社，2020.5（2022.11 重印）
ISBN 978-7-5643-7420-4

Ⅰ. ①文… Ⅱ. ①高… Ⅲ. ①文化产业 – 创意 – 高等
学校 – 教材 Ⅳ. ① G114

中国版本图书馆 CIP 数据核字（2020）第 070212 号

Wenhua Cehua yu Chuangyi

文化策划与创意

高显莹　著

责 任 编 辑	罗小红
助 理 编 辑	吴启威
封 面 设 计	原谋书装
	西南交通大学出版社
出 版 发 行	（四川省成都市金牛区二环路北一段 111 号 西南交通大学创新大厦 21 楼）
发 行 部 电 话	028-87600564　028-87600533
邮 政 编 码	610031
网　　　址	http://www.xnjdcbs.com
印　　　刷	四川煤田地质制图印刷厂
成 品 尺 寸	170 mm × 230 mm
印　　　张	14.75
字　　　数	211 千
版　　　次	2020 年 5 月第 1 版
印　　　次	2022 年 11 月第 2 次
书　　　号	ISBN 978-7-5643-7420-4
定　　　价	39.80 元

前言

　　文创在近几年如火如荼地快速发展，不仅为传统文化的传承带来新契机，也为现今产业带来新气象。既然文创承载着传统文学文化的继承与开创，身为文学院的学生，理应参与其中。然而，从文学文化到文化产业这中间的转换，却需要一些跨领域的知识与训练。本书基于作者在职场的多年工作资历与积累的不同领域的产业知识，通过理论与操作案例的结合，希望可以让读者借此明白个中道理，进而在工作上有更大的发挥空间。

　　本书最大特色是涵盖面广，内容丰富，包括业界采访、个人观察、专业理论，更有学生上课后的实作作品，说明本教材是可实践的。它不仅适用于文学院学生，也适合所有希望走进文创产业的读者们。

　　在题材上，由于作者在中国台湾的多年工作经验，故以台湾文创产业内容为范例并提供实际成功案例，帮助读者全盘了解文创产业的发展模式及注意事项；同时，因作者教学所在地在福建漳州，故以闽南文化及当地元素为实践案例。在内容逻辑上，以文创元素、创意灵感、商品设计、上市宣传为主轴，依照文创产业进程分层递进。在内容项目上，主要讲述文创定义、文创策划、制作、包装、宣传，以实际案例，点出中文系学生学习文创需要的专业技能，提供文创学习过程中需要的数码资源，并为学生在日常生活中培养自身的创作灵感和美感、学习中国博物馆中的文创典范提供建议。

　　文创始于文化，希望大家在文创产业中，利用中国文学文化的专业知识，为我们的文创产业，奠定丰沛厚实、典雅卓越的文化基础，佐以科技的创新，促进经济发展，提升生活品质！

目录

第一章
绪　论

　　文创是什么？在开始文创商品策划前，大家应该先对这个领域有所认识。

　　全球文创的范畴与科技一样，仍然不断有新的发展，这或许就是创意的魅力所在。如今，全球文创不断有新亮点、新发展，文创的类别和范畴也不断创新，文创究竟有哪些类别，或许已经不是我们需要过分聚焦的事，如何在其中找到适合自身发展的文创类别才是重点。

　　本书为高校教材，包含理论与实践。教师如何有效而合理地利用36课时来完成教学目标，实在非常重要。笔者采取的方法是以当地文创实例进行理论说明；以中国博物馆文创商品作为学生课外延伸阅读资料；以文创策划书撰写，厘清学生文创商品创作思绪，介绍高校培养文创人才经验与成功案例，让中文系学生反思其在文创中应该扮演的角色。

　　对初学者来说，首先必须明白文创的定义。

一、文创是什么

　　第一堂课上，笔者问学生："什么是文创？"

　　学生们大多茫然，顶多有几位学生回答："是有关文化创意的东西。"但再仔细问下去，学生们就无言了。为了让学生们对文化创意有较全面的了解，在进入文创策划理论之前，笔者先为学生们介绍了文创产业的发展历程、范围,让学生对文创之路有一个概略性的了解,之后,相信学生们就能以一个宏观的角度来看待文创领域。

文创是当今相当火的主题,它是文学文化领域中一个新的发展路径。伴随着科技的进步,文化创意产业逐渐成为产业重点项目,许多国家都通过艺术创作与商业机制,发扬自身的文化特色,借以增加人民的文化认同与产业的附加价值。

1995 年,英国率先将发展"文化创意产业"作为国家重大发展政策而全面推动,发展"创意产业"(Creative Industries)的成绩有目共睹:创造超过百万个工作机会,每年为英国的 GDP 贡献 5%,并且每年以 15%的速度增长。其实,历史悠久的中国,是最有优势发展文创产业的国家,历朝历代的文物,莫不成为其创意的元素,文创开发的宗旨,就是继承文化、开展创意生活。

文创,从字面解释,就是"文化创新"或是"文化创意",是从传统文化中另出新意。但如何创新,如何生出新意,却不是三言两语可以说得清、道得明的。因为创新与创意往往就像灵光乍现一般,靠的并不是一加一等于二的公式,而文创要落实在产业上,必须与许多人协同作业,涵盖的领域与人员也相当多。

对一个以中国文学文化为学习基础的大学生来说,要走的路还真不少,但基本功有了,再往前走,总是容易些。更何况文创产业是建筑在历史文化基础之上的(见图 1-1),通过创意与产业结合,创造文化经济,带动生活品质的提升。因此,投身文化创意产业,不仅是对自己所学的真实应用,更有益于广大人民群众生活品质的提升和国家经济的发展,这样看来,中文系与热爱中国文学文化的学生投入文创是相当有意义的。

在全球化的趋势下,文化创意产业为旧经济时代带来发展潜能并创造新的就业机会,成为许多国家未来发展及转型的契机。当然,谈到文创产业,首先应该厘清其产业范围。

"文化"这个词已经普遍为大众所使用。广义的文化,指人们共有或接受的生活方式、艺术与习俗。狭义的文化,是指文学、音乐与艺术。目前世界各国文化政策划定的"文化"范畴,专指代表国家形象或地区特色的狭义文化。文创产业，也就是从这些文化艺术发展出的产业经济活动。文化是精神生活水准的指标，在今日，更是提升生活水平、促进经济发展的推力，通过文化创意所提供的产品或服务，能将文化元素加以运用、展现或发挥。

图 1-1　简国藩画作《荷塘翠羽》，从传统绘画中创新

文化的基础是共识，在文学艺术与文化传统的熏陶下，人们对更崇高的理想产生仰慕，甚至欣然追寻与实践，造就更美好的生活品位。陈寅恪曾说："华夏民族之文化，历数千载之演进，造极于赵宋之世。"以绘画为例，宋代的绘画不仅技巧造诣很高，而且强调画中能传达文人体察天地万物之德。宋人锅碗瓢盆不仅要实用，更须讲究器皿色泽、器型和样式的精致：喝茶，目的并不在于解渴；焚香，并非仅为了祈福。

宋代的文人兴趣广泛，知识广博，没有现代工业化的便利，但他们也喜欢亲自动手，这种实践的功夫，让这些文人带动了不少的文创商品与经济。以喝茶这件事来说，宋人喝茶并非自己烧水煮茶，而是有小厮做好烧水煮茶一系列流程，甚至是一群专业人士操办。我们在宋徽宗的《文会图》中，可以清楚看见在一旁烧水、碾茶、筛茶叶的一群人，在《东京梦华录》中也明言："凡民间吉凶筵会，椅桌陈设，器皿合盘，酒檐动使之类，自有茶酒司管赁。"历朝历代的中国人将喝茶这件事推展到更高的层次，从而形成中国特有的茶文化（见图 1-2）。

图 1-2   宋徽宗《文会图》中，有专人负责烧水煮茶

本书所谈文创，主要指从中国文化中发展出的文创，即在中国文化的知识基础上，以文创拓展丰富人的精神内涵，并强调中国传统文化中的道德与精神内涵。

二、文创的类别

参考目前世界各国所指文创产业，也就是从文化发展出的经济活动，有下列几项类别：

（1）视觉艺术类：绘画、雕塑、其他艺术品创作、艺术品拍卖零售、画廊、艺术品展览、艺术经纪代理、艺术品公证鉴价、艺术品修复等行业。

（2）音乐及表演艺术类：音乐、戏剧、舞蹈之创作、训练、表演等相关业务、表演艺术软硬件（舞台、灯光、音响、道具、服装、造型等）设计服务、经纪、艺术节经营等。

（3）文化资产应用及展演设施：文化资产利用、展演设施（如剧院、音乐厅、露天广场、美术馆、博物馆、艺术馆、演艺厅等）经营管理之行业。

（4）工艺产业：工艺创作、工艺设计、模具制作、材料制作、工艺品生产、工艺品展售流通、工艺品鉴定等。

（5）电影产业：电影片制作、电影片发行、电影片映演，及提供器材、设施、技术以完成电影片制作等，包括动画电影之制作、发行、映演。

（6）广播电视：节目制作、发行、播送。

（7）出版业：从事新闻、杂志（期刊）、图书等纸本或以数码方式创作、企划编辑、发行流通等行业。数码创作系指将图像、字符、影像、语音等内容，以数码处理或数码形式（含以电子化流通方式）公开传输或发行。

（8）广告产业：媒体宣传物的设计、绘制、摄影、模型、制作及装置、独立经营分送广告、招揽广告、广告设计等。

（9）产品设计：产品设计调查、设计策划、外观设计、机构设计、人机界面设计、原型与模型制作、包装设计、设计咨询等行业。

（10）视觉传达设计：企业识别系统（CIS）设计、品牌形象设计、平面视觉设计、网页多媒体设计、商业包装设计（食品、民生用品、伴手礼产品）。

（11）设计品牌、时尚产业：以设计师为品牌或由其协助成立品牌的设计、顾问、制造、流通等行业。

（12）建筑设计：建筑物设计、室内装修设计

（13）数码内容产业：将图像、文字、影像或语音等资料，运用信息科技加以数字化，并整合运用的技术、产品或服务行业。包括数码游戏、行动应用服务、内容软件、数码学习，以及提供内容数字化创作、策划编辑、发行流通所需的技术产品或服务。

以数码方式创作、策划编辑、发行流通的新闻报纸、杂志（期刊）、图书、电影、电视、音乐，包括将其典藏数字化，仍分属其原有的出版、电影、电视、音乐产业。

（14）创意生活产业：以创意整合生活产业的核心知识，提供具有深度体验及高质美感的行业，如饮食文化体验、生活教育体验、自然生态体验、流行时尚体验、特定文物体验、工艺文化体验等行业。

（15）流行音乐及文化内容产业：具有大众普遍接受特色的音乐及文化创作、出版、发行、展演、经纪及其周边制作生产的技术服务。

三、文创的步骤

从文化到文创商品的课程，笔者以产出步骤为内容，学生需要一步步学习与落实。

学生首先需要从文化中找出自己有兴趣或熟悉的文化范畴，在其中找出具有文化意义的文化元素。经过创意构思并撰写文创策划书，进行文创设计，做好包装，制成文创商品（见图 1-3）。

图 1-3　文创产业的产生路径

本课程的学习目标是要学生在中国文学文化的基础上，充分利用专业知识，借由文创彰显文化中的精神和修养。

闽南师范大学位于漳州，当地有许多闽南建筑，是闽南文化的重要代表，其中更有多个国家重点保护单位。笔者以闽南建筑为题，介绍闽南建筑文化特点，指导学生截取闽南建筑中的文化元素，并例举闽南建筑中最有特色的红砖文创商品，说明文化元素如何转换成创意，介绍发展文创商品的意义与历程。

在文创商品包装与宣传方面，笔者以中国各地博物馆为例。通过博物馆中的文创商品，说明博物馆文创人员在众多文物中，选择文化元素的过程或原因，创意构思与文创商品表现优异之处，旨在点出学生在文创过程中看不见的转换过程。

这些博物馆都是笔者亲自参观过的地方，在听过导览人员解说后，笔者深深体会到这些博物馆在文创商品经营上的用心与成就。学生在博物馆的网站上，可以获得文物的专门说明，看见文物的样貌，对文物的制作工艺、艺术特点、文化意义有全面的了解，较容易激发自己对文化元素的创意灵感，佐以博物馆的文创商品设计与宣传，更能清楚地明白文创商品产生的各个步骤（见图 1-4）。

图 1-4 各种文物（高显莹摄于上海博物馆）

四、创意的培养

文创商品的核心在创意，而创意灵感需要培养。

中国五千年来丰富多彩的文化之所以传承至今，就是因为不断创新，只不过我们不叫它文创，文创是从国外来的名词，但文创的事实，一直存活在我们的生活里，通过长时间的酝酿，在最恰当的时间华丽转身，就像老树逢春发新芽，时间到了就会有新的传承。如今，我们主动创新，自然需要培养酝酿的本领。而如何培养，就成了此课程中学生最多的关注和询问。

其实，就像知识的积累，文化创意策略需要对专业领域知识的娴熟，而自我学习和培养就显得相当重要。根据课堂调查，在进入大学之前，除了报考艺术音乐相关领域的学生外，大多数的学生都以课本知识为主，这种以文字、数字为范围的学习历程，忽略了日常美学与生活经验，所以，笔者常跟学生开玩笑，说他们的视野只有眼睛到书本的距离。

上了大学，学习从"知识"过渡到"学识"，学习的方法也要有所改变。以中文系的学生为例，上大学以前，学一首近体诗，只需要背熟文本加上注释即可，但进入高校后，不仅要背熟文本、注释，还要深入了解作者所处时代背景、个人境遇、写作时机等，而写作的时间点更是极为重要。笔者将这种方法称为"当令"的学习法。

"当令"的学习法，是一种轻松又有效率的学习法。中国人对时间的研究起源甚早，很早就开始观察太阳的运行，制定了一年二十四节气。这种认知一年中时令、气候、物候等变化规律所形成的知识体系，反映四季、气温、植物的变化，影响农耕，也影响人的思维，而所有的哲理，也都反映在时间的变与不变中。

五、文创商品与商品

了解文创商品，还需要弄清文创商品与一般商品的区别。我们不难看见市场上有一些商品，只是加上一个图案就称为文创商品。其实，文创商品并非复印文化元素，而是通过设计，让文化以新的面貌或内涵，应用在当代。例如明代的圈椅造型简洁，又符合人体工学，坐起来非常舒适。但今天若一比一地复制，仅能称之为商品，若经过设计师改造，使椅子不仅保留原始优点，还能在设计上巧思变化，让椅子与今日室内装潢搭配，甚至有个新的名字，那就是文化创意商品。

举一个知名的例子，瑞典设计大师汉斯·杰·威格纳（Hans J. Wegner）设计于 1950 年的"Y Chair"。Y Chair 的设计灵感来自中国明式家具中的圈椅，继承了明式圈椅的主要特点，不过汉斯·杰·威格纳既保留了圈椅的结构，又做了外形的创新，以极简的主体结构，延续了明式圈椅的舒适感，特别是椅背设计与流畅的圈椅扶手，融入现代家具外形简洁的需求，这样的设计让这张椅子走上了现代的舞台。Y Chair 的名字来自椅背的 Y 字形设计，这一点使设计师巧妙地把中国的明式圈椅，转变成了西方的设计作品。人工编织的天然纸纤坐垫，也是来自中国的藤编椅，既环保又舒适。这张 Y 字椅的中式元素是我们所熟悉的，设计师巧妙的创新设计和组合，为明式圈椅塑造了新的面貌（见图 1-5）。

图 1-5　明式圈椅与 Y Chair

其实，文创设计重点在于源自文化的创新。我们生活在现代，却脱离不了传统文化的影响，但一味传承，往往得不到当代的共鸣。因此，通过文创设计，让老物件有新生命，成了我们这一代的使命。

六、中文系学生与文创产业的关系

中文系的学生在文创产业中究竟应该扮演怎样的角色呢？当今科技日新月异，学习渠道数不胜数，中文系的学生已经不像从前只能在书本上求知识，许多学生在各种原因的驱使下，从学校社团、网络课程等渠道锻炼自己课堂学习之外的专业技能，这让笔者在课堂上教授文创课程时受到很大的鼓励。然而，毕竟不是每个中文系的学生都有这样的学习自觉或是学习机遇，中文系的学生面对五千多年的历史文化，要深耕又要博览，课业之重，还要面对内容复杂的文创产业，这对学生、对教师都是挑战。

中文系以文学文化为主要范畴，文字是基本功，但文字在不同的载体上，却有不一样的表现方式。以杂志里的文字稿和商品文案来说，虽然都是出现在一本杂志上，但杂志的文稿多属报道性，属记叙体，中文系的学生在描述上比较能驾轻就熟。但商品文案就不同，商品广告以宣传和营销为主，目的在于引起阅读者的兴趣。因此，在文章整体安排上，必须图文并茂，除了商品图、情境图，文字更肩负宣传目的。除了需要以简洁的文字介绍商品，还需要针对目标消费群撰写。例如针对亲子活动的海报，就必须简洁活泼（见图1-6）。

图 1-6　针对亲子活动的海报设计

　　杂志的采访稿使人一眼望知，而广告文案则像看显微镜，一定要让人聚焦在某一件物品上。

　　在撰写上，广告文案也必须从商品出发，下笔前必须先弄清楚商品有哪些特色，商品的目标群有哪些，必须在文稿上出现哪些字眼。

　　商品文案还必须考虑露出版面大小，一般 A4（210 mm × 297 mm）版面的杂志，扣除商品主视觉、大标题、厂商，文案 150 字左右较为恰当；若是海报，又需要另外考虑，因为海报通常是 A1（594 mm × 841 mm）尺寸，贴在墙上，字要大，图片的主视觉要清晰动人。这样的文字，以大标题最为重要，5 个字左右的大标题，以最醒目的方式出现在海报上，让人远远就可一眼望知。其他细节，可以通过传单或网站补充。

　　至于出现在视频中的广告文案或是微电影类型的文案，考虑的地方也不尽相同。所以，虽然都是文案，出现的载体（平面杂志、海报、视频）不同，表现的方式也不一样，这些都会在后面章节加以说明（见图 1-7）。

图 1-7　活动海报主视觉要清晰

文化创意最终要与产业相结合，要走进市场，创造商机。因此，在学习之初，必须把目光放到市场上，了解市场运作模式、营销手法、客户需求，这些项目虽然在实际执行时，未必都需要自己亲自操办，却不可不知。特别是中文系的学生在校学习多聚焦在中国古今文学作品与文学理论，行有余力，多旁及琴棋书画，但也可以在日常生活中认识市场。

笔者认为，中文系或文学院学生能进入的领域很宽广，这里，笔者以北京故宫博物院和台北故宫博物院的文创为例。

谈到文化创新，众多的文物成了文化创意最大的开发资源。不过，早年北京故宫博物院和台北故宫博物院的基本上只仿制文物，谈创新，还是近几年的事情。而这样的历程，其实是许多博物馆共同的发展路径，对今日从事文创的学生更是一种指引。

从复制到创新，对古文物先要有完整深入的了解，再从古人作品的基础上发展新意。古文物所代表的不只是工艺上的精美，更因为其含有大量文学文化内涵，拥有跨越时代的魅力。

文学文化是文创产品中最珍贵、最富有感染力的部分，这些元素与生活相依，最常见的例子，就是昔日庙堂之上以礼仪带动的创新。例如清朝的朝珠，原本源自数珠，是计算诵念次数用的。清代成为身份的象征，在朝仪中，凡使用材质，皆有严格限制，作为彰显身份地位之用。今天，在珠宝设计家的手中，数珠跳脱出珠子材质和使用限制，成了珠宝艺术的载体与服装配饰，凸显拥有者的艺术品位与风格形象。

从清朝皇宫手串、念珠的严格使用规定到今天人人佩戴各式各样由珠子串成的手串，我们发现文创要在当代展现风华，就要掌握一个重点，那就是实用性。因为实用，才被大家接受而使用。

实用，不仅是可以使用，还包含了当代对于使用的要求，例如当今提倡环保，文创的东西若合乎环保要求，就能被大多数的人接受；同样地，在器皿上彰显个人品位的同时，若也能加入环保的元素，相信定能获得众人的认同。

文创必须让文学文化走进日常，同时让使用者产生联想，这种联想是基于文化中的共同意识。像前几年很火的台北故宫博物院文创——"朕知道了"纸胶带，不但有趣味性，而且价钱实惠，送礼自用两相宜（见图 1-8）。

图 1-8   台北故宫博物院设计的"朕知道了"纸胶带

来自皇帝朱批的"朕知道了"纸胶带，既有趣也提升了文具使用的质感；北京故宫博物院的文创商品则打的是"紫禁城生活美学"牌，从家居陈设到出行甄选皆匠心仙工，让日常也可以过得精致有型。

北京故宫博物院的文创商品带有浓浓的知识性，所有的文创商品都会详列出处，还会讲述创意概念，典雅的文字、古今创意的转换，让商品充满雅趣。例如，北京故宫博物院以《海错图》为主元素，出版《清宫海错图》一书（见图 1-9），并从一百多款绘图中，挑出四款作为"海错图示框装饰画"壁饰主视觉（见图 1-10）。

　　"海错"是中国古代对众多海中生物的统称，例如，南宋杨万里《毗陵郡斋追怀乡味》诗曰："江珍海错各自奇，冬裘何曾羡夏绤！"康熙三十七年（1698），清代画家聂璜为记录那个时代海洋生物的种类和面貌绘制了《海错图》，它堪称一本中国近代海洋生物专著，而被乾隆收入宫中的《海错图》版本珍贵，笔法细腻，栩栩如生。例如，"麦鱼"是一种体型较小的鱼，行动非常灵活，聂璜为了展现这种鱼的生态，就在一个页面，画上三种麦鱼在水中弯曲的姿势，十分可爱。北京故宫博物院还为这种小巧的鱼写了一个标语，说它是"机敏的海中精灵"，真是画龙点睛之语！

　　诚如北京故宫博物院文创商品部在这项商品中对它的赞美："《海错图》的精彩，在于它是对未知世界充满好奇的古人带着臆想，半创作、半纪实的另类画作，它呈现的是充满奇幻的现实，又被帝王纳入宫廷，演化为紫禁城内神秘的海底世界。这些被看作有新意的东西，值得用当代词汇和新技术再次演绎，使其从过去脱颖而出，再次融入百姓生活，于是，我们从建筑的角度，在自然的宣纸之上，用精确的激光模切，创造了悬浮的空间、光的叠影、水的幻象……"看了如此用心又充满创意的设计，笔者对这个原本陌生的画作，一下变得亲切起来。如果不是北京故宫博物院精心策划，设计这款海错图木框装饰画，也许我们一辈子也不会有机会认识这本有趣的海中生物图鉴（见图 1-11）。

图 1-9　北京故宫博物院出版的《清宫海错图》

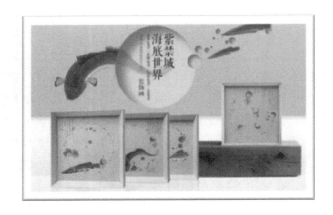

图 1-10   北京故宫博物院从清宫《海错图》中发展出的文创商品

图 1-11   文创让文物走进现代生活中

中文系学生是否可以从这些优异的文创商品中，找出自己擅长的部分？

文创销售有一个共同点，那就是所有创意的呈现，不外乎借由两个部分传递：一个是文字，一个是图像。文字有写的文字、说的语言，图像有平面，有影像，而我们中文系的学生要把握的部分，首先就是文字。文字不仅表情达意，同时借以传达文化知识。中文系学生必须善用自己这方面能力，在文创策划领域中，找到自己的优势与定位。

1. 扎实的文字基础

文化创意以文化为内容，几千年来中华文化主要靠着文字传播和延续，在汉字具有相当稳定性的特性下，文化也被相对完整地保留和传承下来。身为中文系的学生，在学习过程中积累了相当深厚的文字功底，在文创构思中，就可以善用此优势，打造与众不同的特色文创，打造商品特色，形成市场区隔与竞争优势。

中文系的学生该从哪些项目打造自己的特色文创呢？除了日用商品、文具用品之外，影视也是文创产业中的一项。微电影需要写剧本的人才，电影也需要有人把小说改写成精彩的剧本，这些都是中文系学生可以从事的项目。

平常除了阅读，大家应多练习写作。写日记是不错的方法，持之以恒记录平日大小事，可以养成良好习惯，也可以锻炼文笔；有征文比赛的机会也要把握，通过主题性的写作，可以磨练自己架构一篇文章的能力，久而久之就会提升实力。

在文字呈现形式方面，一般可粗分成两类，一类是"写的文字"，一类是"说的语言"。散文就是写的文字，通过文章架构与精准用字，让文章完整清楚地表达理念；说的语言是把自己的口语写出来，说话时不需要太讲究用字的精准度，也不需要深究起承转合，因为说不清楚时，可以再及时补充说明，面对面说话时还有肢体语言辅助，为了达到普遍沟通，用字也比较浅显易懂，也常常有流行语掺杂其间。这两种形式最后都形成文章（或称作品），并以文字呈现，但表现上的重点有所不同，今天，尽管不用写文言文，但是写一篇策划书或商品说明书，仍需要达到"写的文字"的要求。学生在写策划书时常常出现一些日常口语，这是要避免的。

2. 事信言文

制作文创商品的最终目的是要把东西卖出去，因此，营销文字虽然"大胆驰骋"于商品包装与广告文宣上，最终还是必须严守"真诚不浮夸，精致不伪饰"的原则。欧阳修曾经在《代人上王枢密求先集序书》中说："君子之所学也，言以载事，而文以饰言，事信言文，乃能表见于后世。""事信"指文章内容可靠，"言文"指文章内容"精美"，"修辞""文采"兼备。这是古代好文章的标准，在今天又何尝不是写文案应该奉为圭臬的指导原则？

笔者曾经问过一位学生，她以帮商家写网文赚钱，看起来是一份挺适合中文系学生的工作，但她只做了很短的时间就不做了。问其原因，原来，商家并未给她提供商品试用，就让她依照几个简单的商品特色写网文，学生没有使用经验，哪来的使用心得？自然也编不出令人感动的文章。

文章内容的可靠，来自对商品真实而完整的体验和认知。一位在武夷山上实习的学生，负责写茶叶的商品网文，以达到节日促销的目的。他把文章寄给我看，希望能得到指导。这个学生的文笔不错，但文章却让人感觉生硬，笔者问他："喝过这茶吗？"果然，他回答没有。笔者建议他找个时间静下心来先喝喝这款他要促销的茶，把感觉分享出去，不要仅从外观或商品名称捏造情怀。特别是吃的喝的或是闻的产品，卖的是口感、嗅觉，必须很真实地表达商品的真实特色。文字功力再深一点的人，还可以点出个中的品位，达到物外的意境，卖情怀，也必须是真感情的流露呀！

3. 逻辑性的掌握

说得通俗易懂，营销就是卖东西，但文创商品的营销不同于一般的商品，强调效果。文创商品必须把内涵和创意说明白，才能产生价值感。北京故宫博物院在这方面做得相当用心，成果也很到位，例如销路很好的"洛神水仙金箔手工皂"，一个要价78元。笔者第一次拿给学生们看，大家跟市面一般的手工皂相比，多认为有点贵。那么，它究竟跟一般的金箔手工皂有何不同呢？除了用料丰富，有天然植物油、精油、金箔、蜂蜜、水仙花植物萃取液，其从气味上也与水仙花香呼应，这款手工皂上的图案也有来历，它来自故宫博物院的典藏明代漆器"剔红水仙花纹圆盘"，身为国宝，圆盘朱漆满雕竞相盛开的水仙花，样式典雅；而洛神是12月的花神，以水仙花为代表，正是此款手工皂名称的创意来源。而洛神的美，早已深植在许许多多的中国人心中，曹植的一篇《洛神赋》，塑造了洛神的典雅、美貌。当我们在使用这款手工皂时，脑中浮现了洛神的美丽，再用含有金箔、蜂蜜等具有美颜效果的材料洗脸，心中不禁浮起一种想象，仿佛自己用了这块肥皂后，也能神清气爽，为自己的美丽加分。像这样的设计创造了使用情境，大大增加了使用者的使用美感，正是由于设计者对文化内容的掌握，并巧妙地与生活用品结合，这份心思，是设计者创造出来的，当然具有价值，而价格则正好反映了价值（见图1-12）。

图 1-12 洛神水仙手工皂的创意来自盛开的水仙花和"剔红水仙花纹圆盘"

4. 丰富的人生体验

想要创新，就先要打好相关知识与技艺的根基。为了让学生从体验中寻找创作灵感，笔者让学生从自己感兴趣的项目做起。一位住在泉州的学生因为离中国香都——达埔很近，又与从事香制造的工厂经营者熟悉，因此她以香文化为题，进行文创构思。她亲自到制香工厂了解流程，并且了解制香产业的历史和产业需求，下面是她的第一次调研心得：

香都之行的感想

中国香都位于福建省泉州市永春县的达埔汉口，距今已有千年历史。

香是中国传统古典文化的象征，是文人墨客陶冶情操之物，也是寻常百姓烧香拜佛的通神媒介，既平易近人又高贵典雅。

我这次一共参观了两个展厅，一来了解了香的由来以及其历史上的发展，再到现在工厂化生产的创新。二来了解了香的种类、香的制作工艺，以及其延伸的其他商品。三来了解了现代香产业在市场上的发展动向。

让我触动的是：

（一）香种类的繁多。这里的种类不仅是其造型的繁复，还有其品种的多样性，展厅里的香各式各样，足以让人眼花。从造型上分为线香、盘香、锥字香、倒流香、塔香、元宝香等；从种类上分为檀香、沉香、中药香等。檀香又可分为老山檀和新山檀等，沉香也有水沉、野生沉等各种种类。中药香更是根据不同中药搭配成不同的香品种。而这些不同的香给人带来的嗅觉上的刺激也是不一样的，同时给人带来的精神上的感受也是不同的。这也充分让我这个门外汉了解到制香是一门极其讲究的传统工艺，其中有着深厚的历史积淀，若不是从小耳濡目染，绝非仅靠两三天时间就能参透其中门道。

（二）焚香也有着极其讲究的工序，每一个步骤都是对于历史的回顾，其中渗透人心的便是对于精致生活的向往，仿佛置身于小桥流水人家，体会着微风正好，焚香品茗的悠然自得。

（三）对于香业未来的发展，养生香的流行贴合了当代人们的生活需求，当然还有大面积的市场空白等待着去填补。香产业的延伸如檀香洗发水、沐浴露、檀香手工皂、檀香口红等系列产品的出现，又给市场带来新的商机，当然也是对于香产业的一个挑战。

图 1-13　香席、香料、香具都是香业文化创意产业的范畴

该生因为自家环境与交友关系，她对制香的产业产生兴趣，在亲自走访香都后，更深入了解制香产业在当地的处境与发展面对的挑战，通过 SWOT 分析后，她对自己的文创之路有了更深的认识。相较于其他同学，她的香文创有比较大的发展机会（见图 1-13）。

当然，知己知彼在商业运营中是相当重要的。除了自己搜集资料外，她也做市场调查，从香都挑选几款香的样本，在学校里请同学试闻，然后了解目标消费者对香味的感受。笔者则提供中国台湾地区和日本香产业的发展资料。中国台湾的香主要有两类用途，一类是庙宇拜拜香，这类绝大多数是香枝香，采用传统制作工艺；另一类是药香，通过香味达到净化心情的目的。日本香除了这两类，还有香水香，加上颜色和香料，适合居家香氛。其实，在宋代，香的应用就已经相当普及，从泉州进口的香料走进家家户户，甚至《陈氏香谱》还记载当时有家族制香的习惯。宋代李清照《菩萨蛮·归鸿声断残云碧》有云："归鸿声断残云碧。背窗雪落炉烟直。烛底凤钗明。钗头人胜轻。角声催晓漏。曙色回牛斗。春意看花难。西风留旧寒。"其中"炉烟直"就是指李清照在香炉中烧着香所产生的烟雾。"香"不仅是祭祀之用，在中国古代也走进文人的世界里，在古画中，处处可见抚琴焚香。但在今天这种快节奏的生活步调中，这一套优雅日常不复存在。于是，该生先以中文系作为目标消费群，调查发现，中文系有许多教师平日多有烧香习惯，而中文系每年都有许多访客，也需要有代表性的伴手礼。

接下来她进行香的礼盒设计。在创意过程中，教师发现她对商品的掌握度相当好，包括香料的成分，各种香在燃烧时散发味道的特色，香具的搭配，以及在古书上有关香疗的问题，她也都能侃侃而谈。这种源自她真实体验后的分享，给人一种踏实的信赖感。营销推广的文字也比较中肯、言之有物。最后她设计出一款香的礼盒，除了香枝，还有水仙花型香立，呼应闽南师范大学的校花，十分贴心、有创意。

除了对自己的资源有所了解，我们也需要抬头环顾四周的状况，所谓"他山之石，可以攻玉"，了解其他地方的文创人才的培养之路，有助于我们随时自我修正。

笔者在担任记者时，曾拜访过台湾几所高校，了解文创人才培育的方式。各个学校对文创人才的培养，其实并没有专门科系，而是散落在各个学院里，依照学院学生的学习领域给予技术上的训练与理论上的支持。在文创课程上的安排，大多数是从本科的班级教授，到研究所的师徒制（一名教师指导三五个学生）。等学生毕业后，有潜力的学生还可以留在学校的育成中心，借助学校的设备与教师的指导，继续朝向企业化的规模运作。

在本科的训练上，学校专注于本科专业知识与技能的培育，文创在其中担任的角色，是从产品转换成商品过程中的加持，包括：商品命名、商品包装、文宣、销售等。导师依照不同的商品特质，予以协助。在过去十年间，台湾许多高校都有一条培养文创人才之路，即教师指导学生参加赛事，以实际参赛经验实践文化创意。

高校各科系每学期也会举办文化创意比赛，让有志于此的学生，从小的比赛开始自我训练；各城市也有创意市集，提供文创商品销售。这些都是磨练的途径，好处是花钱不多，获得的经验不少；缺点是过程中缺乏教师的指导、经费的资助。

七、文创对当代的意义和贡献

文化是生活的产物，因此必须存在于生活中，换句话说，离开生活，文化也就失去了活力。通过创意，可以让文化以适应当代的方式不断发展，可以丰富当代生活。

那么，面对市场中各式各样的商品，我们要做的，就是通过创意增加商品附加价值，提升商品竞争力，也将文化元素带进消费者的生活中，所以，文创商品不仅能带动经济，同时能传承文化。因此，学生学习这门课，也应该要有使命感。

"文化策划与创意"对当代的意义和贡献包括：

（1）提升文化水平。

（2）推动经济发展。

（3）提供教育的多样性。

（4）增加人民的文化认同与产业的附加价值。

这几年一谈到文创，笔者总会想到几个精彩的案例。以知名的"诚品书店"为例，当第一家诚品书店在台北市敦化南路与仁爱圆环路口开业时，大家称之为敦南诚品，那时候书店的定位还不明确，家具、服饰与书相互穿插，每天到访的人也很有限。书店搬到安和路与敦化南路交叉口后，虽然大家还是称之为敦南诚品，但书店的定位更加明确，首开 24 小时不打烊的经营特色，加上开阔又有设计感的书店空间，与传统书店有很大的差异，一下子树立了鲜明的品牌形象。其实，大多数的人到这里不是买书的，甚至不看书，到诚品书店纯粹是因为那里 24 小时不打烊，这种 24 小时营业的特点，还逐渐蔓延到周边的商店。

诚品书店是一群优质团队努力的成果，各种活动主题、读书会引导读者认识好书，会员每个月也会收到精心设计的诚品生活电子报。诚品书店的东西虽然比较贵，但服务好、商品佳、有设计感，这些都是消费者愿意掏钱购买的原因。

诚品书店的成功经营，属于文创产业中的品牌设计类。由于在此之前的书店是不讲究品牌的，诚品突破传统书店的经营内容与经营模式，塑造新一代书店文化，这种创意给台湾文创产业一个启发，那就是在文创产业中，不仅要有好的品质，而且在经营空间上还要有设计感，售后服务也很重要，展现一以贯之的精神和态度，就像诚品在它的官网上所说："诚品最大的创新就是推翻了消费者对于'书店'的刻板印象，将书店文化与休闲娱乐结合，并在书店中创造了一个属于诚品的生活风格，以创意设计融合艺术文化的经营模式，让消费者对于书店的印象有更高层次的升华。"另一个启发，是文创产业打的是形象牌，靠的是口碑，短时间内口碑是建立不起来的。在笔者的采访过程中，默默耕耘十年者比比皆是，因此，想要投入文创产业的学生，不仅心中要做好准备，同时也要做好十年磨一剑的计划。

北京故宫博物院和台北故宫博物院的文创商品，为传统文化找到新生命；诚品书店的转型成功，让传统书店有了新契机，这些都让我们看见文创产业对当代的贡献，这也是中文系学生学习本门课的价值所在。

第二章
从文化走向文创

　　每当笔者欣赏中国古代文士的书画作品，就忍不住萌生想钻进那个时代的念头，好跟那些文士一同临溪品茗、赋诗歌咏。中国文学文化不仅单独存在书本画册中，它还是灵动的生活载体，是涵养生命的养分、荟萃民族的特色、活络日常的优雅。换句话说，中国文学文化是活知识、善知识，因此，谈到中国的文学文化，谈文化创意，自然该先学会怎样活好自己，把自己活得像一个文化人。该怎么做?方法很多，笔者建议学生不妨常逛逛博物馆、名人故居，邀好友依照古人的方式喝茶，换上毛笔在笔记本上记事。或许有人会说自己不会书法，其实，书法本来不是人人能够精通的，但书法中蕴含的韵，是我们学生可以在书写中体悟的。

　　中国文化是靠读书人奠定传承的，在钱穆先生《民族与文化》一书中，提到中国文化精神与民族性格，主要是由儒家奠定。其中，"士"为中国所独有，士代表中国人的人文理想，身负实践和弘扬的责任，这种实践和传承不只局限在知识，更在发扬和传承。因此，中国人"修身齐家治国平天下"的理论，不仅用来考功名，也能让我们活出生活的优雅，而一副对联、一幅画都是修身的表现。今天，笔者在大学教书，也本着这样的想法，希望这门课先让学生认识和思考中国文学文化的本质，再从古人的应用中，设计出属于中国式的文创（见图 2-1）。

图 2-1　"八牛贮贝器"，八头姿态各异的牛和虎视眈眈的老虎（高显莹摄于上海博物馆）

一、课程简介

　　本书主要是一本教材，因此书中引用较多文学文化的资料，希望借由课程训练，可以夯实学生的美学基础，落实文创策划技能，让学生经历进入职场前的训练，同时也将这样的能力展现在日常生活中，让中国文学文化转换成实用的能力。

　　本门课首先介绍文创在现阶段的发展进程，使学生对文创产业有一个完整的了解。其次，是阅读大量的文创专著。文创的范围相当广泛，艺术、雕刻、建筑、影视，每个领域都有专业书籍，学生们可以针对自己有兴趣的领域去深入了解，作为之后策划的选择方向。再次，文创经典案例探析，先以博物馆文创商品为范例，完整说明文创策划的步骤、方法、注意事项，之后涉及校园文创、社区文创以及课堂学生的文创作品。校园文创可以帮助学生思考，为自己的学校或系所设计文创商品；社区文创是希望学生关注自己生长的地方，为自己最熟悉的故乡设计文创小物，凝聚地方共识，打造当地特色，让自己产生影响力、贡献力。最后是每位学生都要写一份自己的策划书，作为这门课的学习成果（见表2-1）。

表 2-1　教学进度表

周次	教 学 内 容	时数	作业、测验方式
1	课程简介： 课程说明、授课方式、授课内容、授课进度、教学分组、学习目标，考核方式、参考书目	2	阅读参考书目
2	承接与转换： 文化策划与创意概论	2	作业：查阅图书馆中文化创意相关书籍与论文
3	文创产业对当代的意义和贡献，闽南文学文化元素	2	作业：搜集并论述3个闽南文化元素
4	从策划到创意：案例分享（笔者的职场经验）包括电信产业、社区营造、征文活动、美容保养品产业等	2	作业：从自己的食衣住行中找出文化元素
5	典范论析（中国文化中的范例），案例分享（当今全球案例）	2	作业：中国古典文学文化中，最欣赏的文化创意范例，说明原因
6	策划与创意养成的路径 介绍创意表单	2	复习并开始构思自己的文创策划类别。 练习撰写创意表单。 每位学生准备1个有关文创创业或经营上的问题，向专家提问。

周次	教　学　内　容	时数	作业、测验方式
7	邀请文创创业者与学生对话	2	作业：修改创意表单
8	文创案例解析： "朕知道了"纸胶带、"洛神水仙手工金箔皂""梅景书屋众芳竞秀手账"。 介绍创意表单，以"朕知道了"纸胶带为题，撰写说明。 创意表单一对一指导	2	作业：修改创意表单
9	文化策划创意人的角色与定位。 书画展策划案例。 创意表单一对一指导	2	作业：以策展人身份提出一个画展策划
10	创意理论与案例分析	2	作业：策划书撰写
11	设计理论与案例分析	2	作业：策划书修改
12	生产、营销理论与案例分析。 策划书一对一指导	2	
13	品牌建立、公司形象、商品口碑、绿色环保	2	作业：在自己的策划书中加入环保条件
14	文学文化中的文创，以故宫和各地博物馆为例： 北京故宫博物院 台北故宫博物院 苏州博物馆 上海博物馆 南京博物院	2	预习工作：阅览故宫博物院与苏州博物馆网站
15	共同讨论： 中国文学文化创意发展目前状况以及可以预见的未来	2	作业：从各博物馆文创商品中择一进行深入思考
16	以在地闽南文学文化元素为题，到古城进行实地调研	2	作业：闽南文学文化元素心得报告一篇
17	学生文创策划及设计一对一讨论一	2	文创设计修改
18	学生文创策划及设计一对一讨论二	2	文创设计修改
19	作品展示、评论 本课程延伸建议	2	作品成果展

图 2-2　南京博物院"错银铜牛灯""鎏金铜鹿灯"（摄影：高显莹）

　　上课时，操作方式与理论并重，涉及美学、文学艺术、营销、新闻传播、媒体采访、公关等知识，广泛介绍案例，注重科学分析，以实例、数据等佐助说明。文创要走进市场，面对广大群众，必须经得起市场考验，并与当今关注议题结合：环保、生态、文明生活。

　　教课方式与重点："学术"与"实务"并重，安排学生参观当地创意产业，并邀请当地文创产业人士与学生面对面交谈，学生也可以当场发问，在互动问答过程中，可以厘清自己的疑惑。

　　为了让学生在做中学，课程会"上课"与"练习"并行，听讲与实践交叉进行，并且采用一对一指导。这种一对一指导与讨论相当重要，因为学生在课堂上会不好意思拿自己的作品来讨论，有时候自己有哪些问题也说不清楚，面对面拿作业讨论是最好、最实际的做法。

　　学生主题研究报告，从当地闽南文化出发，可以实地到古城或历史景点搜集文创元素，训练自己的观察力、理解力，也可以培养自己的摄影技术，知道怎样做好影像纪录与材料整理。

产业介绍方面，中文系学生毕业后多半选择考研或是从事教育工作。上了文创课之后，大家才发现，各行各业有不少需要中文系学生的参与。通过案例介绍，拓展学生对于相关产业的了解，帮助学生适性发展。

二、学习目标

本门课不是纸上谈兵，是要学习真本领，必须要有实务经验，要跟市场接轨，所以，笔者不仅要学生写策划书，也准备让学生办一场成果展，通过市集展示，了解自己文创商品的市场接受度。因此，学生上这一堂课的目的，不仅仅要认识文创相关知识，更要通过自己动手、动脑，成就自己的文创策划案，让文创成为应用知识和技巧，让知识活化，让自己领略文创的意义，做一个真正文化人。

策划书必须可实践，学生不但上课要听讲、回答问题，课后要大量阅读，还要自己动手做，这样才能拿到高分。

本门课分数分配如下：

平时成绩 10%：上课情形、提问与回答；

平时作业 20%：作业完整性达成率；

期中考 30%：策划书撰写；

期末考 40%：文创设计与成果展示。

学习方式主要是通过学习经典案例，了解文创基本模式，再选择自己有兴趣的主题，搜集资料，进行创意策划与制作。简单地说，先通过经典案例，了解什么是文创，再通过模仿经典案例，了解文创制作的流程方法，最后依照课堂所出的题目方向，让学生自己搜集资料撰写文创策划书，进行文创商品制作和推广销售。

学生的学习目标，主要是经由课堂学习，习得了解文化创意的内容内涵，能够在知识上分辨文创商品与一般商品，了解文化创意产业的范畴与其在当代的任务和贡献，以及自己能写一份完整的策划书。

本门课是为了培养学生在既有文学文化知识与写作基础上，获得应用在现代文化策略与创意上的相关工作知识，并经由练习，增强执行能力。

（1）教学目的：

通过本课程让学生了解写作在现今工作领域可以应用的范畴、专业知识与写作方式。

让学生在实际操作中，理解文化策略与创意的内涵以及在社会上的应用。

（2）重理论也重实务和操作：

传承文化、融入当代。文化是传承，文创是文化创新，除了有新的想法，还必须和生活结合在一起，换句话说，是要在传统文学文化的深厚基础下，融入现代、展望未来。

三、教学范例

文学院的学生普遍具有文学文化探究研习的能力，却缺乏转换能力，包括文字的转换与影像的转换。学生到了大学四年级，能对中国文学文化有广泛的认识，但在活用部分却缺乏有利的技术支撑。因此，在大学一年级课程中纳入电脑影像处理，从一张海报做起。

2019年，文学院派笔者带领学生在中国文化宣传周制作海报，笔者以小组分工方式，将全班44人分成7个小组，以"中国文学文化宣传周"为题，让学生分组制作海报，先向学生介绍并讨论出制作方向。

本次实践课程规划，共分为9个部分向学生说明：活动缘由、活动主题、执行方法、分组与分工、指导与执行、学生在此活动中的习得、作品展示、学生心得、成果总结。

（一）活动缘由

在亚洲文明对话大会于北京举办之际，闽南师范大学文学院 2018 级汉语国际班特别制作了中国文化海报，以行动宣传中华文化优美内涵，增强民族文化自信，并期望在此基础上，唤起学生珍视并且守护中华文化资产。

中华文化是中华历史长河文明的体现，也是今日文化创新的源泉。作为文学院的学生，除了阅读中国文化典籍，了解民族文化内涵，也要在实践过程中，以实作作品展现对中国古代文学文化的学习力、理解力、实践力和宣传力，以丰富多彩的画面，呈现中华文化的美好，并与外国友人交流互鉴，以活力传承与创新，以与时俱进的开放态度，让中华文脉生生不息、永续常新！

（二）活动主题

中国文化宣传周以"中国文学文化"为主题，题目由学生自定，只要符合此主题，皆可任意发挥。

活动大海报放置于文学院博文楼门口。活动展板一共 7 块：

（1）1 块主题说明：说明海报制作主题、实践学习项目、制作缘由和预期目的。

（2）6 块活动海报：由学生分组设计，教师指导。目的在培养学生转化能力与实践能力，学生在过程中思考与体悟，学习新的技能，有助于提高学生的制作水平。

（3）制作时间：

第 12 周：说明本次海报制作缘由、任务内容、主题、执行方式、分组讨论。本周先由课程教师提出范例，为学生解说海报制作流程。

第 13 周：分组讨论、设计草图，作品草图报学院通过。

第 14 周：制作、张贴、放置。

（三）执行方法

1. 课堂说明活动主题与内容

让学生了解此活动的主旨、目的、执行方式与技巧（见图 2-3）。

图 2-3   课堂说明中

2. 提供制作范例与应用软件

学生可以手绘，也可以用电脑绘图软件设计。

选择电脑绘图的学生因为制作需求，学习了 Photoshop 绘图软件，但实际应用效果仍需指导（见图 2-4）。

图 2-4   学生与笔者讨论及修改

3. 设计排版与画面美感

为了呈现海报效果，笔者教导学生画面切割的黄金比例、三分法，并为学生指导修改方式。其中一组以中国剪纸艺术呈现，学生在课堂上分工合作雕刻 12 生肖（见图 2-5）。

图 2-5　授课现场

（四）分组与分工

2018 级汉语国际班一共有 44 人，依照学生意愿自行分组。

（五）指导与执行

课程教师负责：

（1）提供活动说明，参与小组讨论，了解学生对于题目和制作的想法。

（2）利用非课堂时间，回答学生问题和提出修改意见。

（3）负责整个活动从策划到执行。

（六）学生在此活动中的习得

（1）教学力：掌握汉语言文学专业的知识体系，熟悉阅读与写作等领域的核心知识，具有文本解读、文献检索、审美表达、文学创作的能力。

（2）职业成就力：活动过程中需要教师指导，学生协力合作，不论是制作海报，或是电脑绘图，都是日后进入职场必需的技能。

（3）专业发展力：学习将文字转变成图像，学会电脑影像处理。完成一张海报，不仅在于技术的学习，也需要合乎逻辑的呈现，这时候，笔者教学生画面分割常识，让作品适切呈现字体大小与画面的清晰度。

（4）增加学科素养：掌握汉语言文学学科的专业知识和基本理论，了解艺文结合的基本理念。

（5）综合育人：学生在搜集资料的过程中，可以更加深刻地体会中华优秀传统文化内涵，提高人文素养。

（6）沟通合作：从分组团队，依照个人兴趣专长学习分工合作，圆满地完成一件作品。

（七）作品展示

海报制作完成后，统一展示在文学院门口（见图 2-6、图 2-7）。

图 2-6 作品在文学院门口展出①

图 2-7　作品在文学院门口展出②

（八）学生心得

（1）陈尹苗。

经过这次海报的制作，我们在能力上确实得到了一定的锻炼，但是也深感到自己的不足，因为能力有限，我们有很多的想法不能够很好地呈现出来。总而言之，能够顺利完成这次任务还是值得高兴的，希望以后能有更多这样的机会来锻炼自己。

（2）林希雯。

没有任何 PS 经验的我们开始了艰辛的探索之路。一边做一边查，不断摸索，不断熟悉。在与老师的多次交流之中，我们不断改进，不断推翻原来的方案。从无到有也从有到无，由简至繁又由繁至简。在这个过程中，我们了解了金碧山水和太极道法，也了解了海报制作和PS 技术，更了解了合作的力量和人类无限的潜力。

这是一场从无到有的旅程，是一次舒适圈外的探险。在这个过程中，我们不断认识自己，推翻自己，挑战自己。每一个人对自我的认识，对每一个可能性的尝试，都是一个缓慢、有趣的过程。而我们不断开发自己可能性的过程就是一个不断完善、不断积累、不断增加阅历的过程。如果说才华是素白，那阅历必是墨黑。无论身居何位，才华和阅历都必须紧紧相连。

（3）陈灵。

我认为后期主要是抠细节，让整张海报的表达尽善尽美。比如海报的英文是否有大小写字母区分、是否有空格等，努力控制好整张海报的表达，以向外国学生们更好地传播中国文化。在本次实践过程中，我必须要感谢显莹老师，谢谢老师对我们的指导，是老师带着我们抠细节，甚至让同学们到老师家去进行修改。没有老师的谆谆教导，就没有我们最后可喜的成果。

（九）成果总结

刚上大一的学生面对完全没接触过的事物，展现了极大的学习力，这是相当好的，过程虽然曲折，也花了许多额外的时间，但值得高兴的是学生都学到不少东西。面对笔者的要求，学生不断思考、修改，也展现了极大的耐心，这正是最后能有圆满成果的最主要的原因，也启发笔者日后在课程中继续执行实作的新方向！

四、执行范例

学校肩负教育的责任，一直以来以教学为主。近几年考虑到学生的就业问题，学校也承担了职业训练的责任。但在这中间有一个很大的鸿沟，那就是学校与社会职场工作的联结。近几年校企合作越来越普遍，也都是为了解决这样的状况。

同样的状况也发生在这一门课，在课堂上学习是一个人的事，但到了文创就需要一群人协同作业，一起完成。例如，商品需要图文设计，需要制作，需要营销，这些都不是一个人可以完成的，光是海报制作，就必须从最初的创意构思、找图、影像处理、跟学校沟通放置海报的地方，到最后与打印店沟通，确认正确的海报尺寸与输出方式，更遑论一个商品在市场上推出。

　　为了让学生了解实际运作状况，这里举一个笔者个人很喜欢的案例："粉乐町"（Very Fun Park）。"粉乐町"源自 2001 年，由台北市的富邦文化艺术基金会策划，结合当地居民、商家企业、公私单位资源，最初启动的主要区域为台北大安区，刚好是笔者居住的社区，笔者也在之后亲自拜访过基金会，所以有较完整的观察和体会。

　　笔者记得那一天下班，看见一群小学一年级的孩子围在一家店铺外。几个孩子放学不回家，围观的东西一定很有趣。笔者凑上前去，发现他们正在对着几朵可爱的木制小花嘀嘀咕咕，旁边还有一个牌子写着"粉乐町"。

　　根据富邦艺术基金会官网介绍，"粉乐町"是一个多元创意概念。"粉"源于 2001 年青年转化中文"很"字语意的流行语汇；"乐"即快乐与欢笑；"町"则融入外文化特质指称"场域"的意思。"粉乐町"所传递的精神即一个城市中快乐的角落，是创意的基地，更是一个走出美术馆，落实艺术与城市生活结合的当代艺术展。

　　在社区公共空间办艺术，需要很大的勇气、智慧和经费，除了设计要亲民、美观，还要负责沟通管理和维修的工作。因此，虽然"粉乐町"只是在路旁商店的花圃放置几朵小花，但却是在公共空间美化播下美好的种子。2007 年，虽然有几个作品打动台北市民，但这种社区美化承受的挑战相当大，大家只是看见美好的结果，却无法了解过程的艰辛。因此，笔者摘录了活动纪录，让大家了解创新背后不为人知的波折：

　　2007 年，"无墙美术馆"的概念尚未被市民大众所熟悉，为了让艺术作品能够进驻到开放的公共空间，像是市民广场、公家单位闲置空地、派出所、地铁站、行道路树等，团队针对粉乐町期待的展出场地，在台北市政府内部举行了多场多方局处的协调会议。除了文化局之外，还包括一些工程与维安单位，公园路灯管理处、新工处、警察局等共同与会。刚开始多位与会的专业人士其实并不理解我们究竟想做什么，对于所谓"当代艺术"也全无兴趣。"她们吃饱了没事做吗？"不耐烦的表情时不时就显露在脸上。多次会议中，一次次的说明与请托后，与会人士总算是理解了我们想做的事和意图，对于艺术家天马行空的想象草图，似乎也倍觉趣味，于是事情开始慢慢在各单位推动起来。展前一周，就在我们为了装置作品而忙得昏天黑地之际，位于敦南派出所的展点，突然传回被派出所喊停的消息。艺术家游文富原计划以声音装置，结合竹林和羽毛（象征和平鸽），企图将仅为单层矮舍的敦南派出所，打造成能听见清新蝉声的乡间丛林，寻回都市人日常遗失的平静与悠闲。但就在作品已完成百分之八十时，有人突然后悔，觉得羽毛打造的白色丛林，在意义上让人联想起丧礼民俗，说什么都要撤除作品。紧急协调后，艺术家决定改变作品方向，撤走树林，留下羽毛装置在外墙壁面；而这撤除的树林作品，则改为装置在富邦集团大楼外廊柱上。这片突然出现在商办大楼下的白色丛林，经过整个夏日好评不断，无人反应有触霉头的不当联想，蝉声与迎风摇曳的羽毛竹林，完全放松了行经路人炎热骚动的心，大众对新奇事物的接受度以及欣赏艺术时所能秉持的开阔之心，恐怕也是大家料想不及的吧！①（见图 2-8）

图 2-8　羽毛装置在外墙上，打造夏日城市中的悠闲

作者以羽毛在大门口外排列成风吹动的形状，让严谨的派出所有

① http://www.fubonart.org.tw/VFPknowhow/practice/%E8%97%9D%E8%A1%93%E7%9A%84%E8%BB%9F%E9%9F%8C%E8%BD%89%E8%BA%AB%E8%A1%93/，下载日期：2019.07.26

了轻松的感觉，作者还在门口放一个感应器，一旦有人进入，就会响起蝉鸣的声音。

粉乐町是一个成功的公共空间艺术活动，涵盖范围很广，带来的影响也很大，主办单位也分享了这个案子的执行策划步骤：

（1）资料搜集：走街串巷、寻找场地，寻求人力与财力资源（例如赞助、合作），活动主轴。

（2）市场调查：街坊调查，公共部门资源，预算编列，创意构思，文宣媒体策划。

（3）路线规划，艺术推荐和讨论，教育推广策划，与公共部门资源整合，主视觉设计。

（4）场地洽谈，学校与企业联结推动，邀请艺术家，文宣制作，影像纪录。

（5）公共安全保险，展物保险，宣传起步。

（6）场地空间细部协调，艺术作品提案与修正，施工方式确认，展品物流运送方式确认，教育推广策划确认和制作（导览系统规划：导览手册撰写和设计，导览员培训，展示牌撰写设计，学习单规划设计），网站上线。

（7）布展。

（8）开展：开幕式，开展，活动起始宣传。

（9）展场管理维护。

（10）展览结束：撤展，结案整理。

有兴趣了解所有活动内容者，可以上官网查询。

五、学习，跨界

学无止境，世界在变，技术不断创新，而学习的领域就必须既深且广，文创就是一个跨界的产业。跨出知识与技术的范畴，承接前人智慧的结晶，找出自己的创意优势。

在台湾，树德科技大学的设计学院在文创人才培养方面起步较早，育才的经验也较丰富。首先是在招生方面，设计学院设视觉传达设计系所和生活产品设计系所仅收在职学生，也就是说，必须有职场工作经验的人，才能进入学习。设计学院以"创价平台"，造就学用合一，"用"是学校办学的绩效指标，也是学生学习的目标。

这样的招生规定与教学目标，让树德设计学院的教室里，有越来越多优秀人员就学。树德设计学院院长指出，许多人离开学校进入职场后，即使工作经验丰富，也需要与时俱进，不断吸收新知。从知识生产、专业加值到研究加值，经过学院系所多方面的加持，从学用落差到学用合一，让学生在校借由跨领域充实专业，经由论文撰写，帮助专业知识走向落实，发展主轴同时对应政策，包括：文创产业、文化资产保存与社区总体营造，契合社会发展所需。

文创是在既有基础上添砖加瓦，提升作品的文化内涵与品位。例如，老一辈的木雕花片匠人可能一生只做几个图案，因此可以在技术上扎根，从平面雕刻走向透雕，从简单图案走向繁复，但要为雇主量身定做，就必须对传统文化内涵多有了解，融入家主人的特质。

在漳州流传村有一个国家重点保护单位"天一总局"，建筑群主要有宛南楼、北楼、大厝、陶园，陆续建于 1906—1921 年。漳州属于闽南，"天一总局"建筑群以闽式建筑中的红砖为主，但在整体建筑风格上，中西间融，展现传承与创新的特质。其中在木雕的表现最为精彩。

位在大厝一进正厅的百花门，采用透雕方式，手工精美，采用三层立体透雕，姿态生动，上面是牡丹花，牡丹代表富贵，是许多人追求的目标，天一总局也不例外，但追求财富之外，也不忘坚守道德，一旁的梅花，正展现君子爱才有为有守的节操；下面的大花瓶，寓意平安，和两边的大象，整体意喻"太平有象"，是指国家有太平祥兆出现了。郭家做的是海外的生意，因此，祈福国家平安，他们在海外的生意才能越做越大，而国家平安，自家也会平安（见图2-9）。

梅花和牡丹不是同一个季节盛开，这样的搭配，完全是为了展现家主人的气节风范，像这样从一般图样雕刻走向为主人量身定做，就是一种创新，雕件的整体布局、构图，都需要规划，采用透雕也在考验着匠人的技术。

图 2-9 百花门

近几年，笔者在采访青年创业的过程中，发现越来越多刚从学校毕业的学生选择创业，青年创业遇到的瓶颈自然不少，但久在职场工作的人也未必轻松。面对市场不断创新，老师傅也需要学习新手艺。

例如一个传统木家具师傅，手艺很好，榫卯制作精准扎实，但做来做去就是传统的木椅，面对式样不断翻新的家具市场，他的生意越来越不好。一次偶然的机会，有人推荐他去研究所进修。师傅虽然年纪不大，但一辈子都在作坊里，压根没想到要到学校进修，在家人的鼓励下，他决定试一试。

木工师傅到学校起初是不适应的，但书上的技术，自己是娴熟的，有时候还要示范正确方法给老师看，让他也产生了自信，加上老师教的都是国际经验和技术，毕业时，他不仅交出好论文，同时也在国际家具竞赛上获奖。

这种被称为"创价平台"的模式，近几年运作得相当好，除了学生依照学院理论学习，传统师傅也走进设计领域，加上对于复合性材质的应用广为涉猎，展现出跨界的成果。

笔者常说："因为跨界，才会有新境界。"古人有大成就者，常常是复合型人才，知识广博、经验丰富，因为知识不偏执，能够触类旁通，他们的知识养成多半是个人兴趣、家学渊源或友朋影响。例如，欧阳修花十九年撰写了一本金石学著作《集古录》，起初动念，是源自他在洛阳当官，他的上司钱惟演对金石的喜好，经由友朋的交流，他发现这些钟鼎石碑的文字富有意义，因此开始了他搜集金石碑文之路，他不仅自己搜集，还拜托他的僚友们一起在大江南北拓碑寄给他，十九年上万卷搜藏，写成中国第一本金石专书，同时也开启中国金石学研究。

同列宋代书法四大家的苏轼和米芾对砚台情有独钟。在苏轼文集中，出现过淄端砚、端砚、瓦砚、青州石末砚、龙尾砚等，苏轼大量搜集砚台并亲自使用，加上对砚台细腻的观察，培养出对砚台独到的品评角度。而他对砚台的观察，不仅在于外在的形制，更在于他对石材物理性的了解，在苏轼文集中提到砚台发墨的特性对毛笔书写的影响："砚之发墨者必费笔，不费笔则退墨。二德难兼，非独砚也。大字难结密，小字常局促；真书患不放，草书苦无法；茶苦患不美，酒苦患不辣。万事无不然，可一大笑也。"我们现在用圆珠笔，也会重视书写的流畅度，也就是笔芯的出水量，但很少人会去深究笔尖的粗细、笔芯墨水流量对书写的影响。

米芾更是爱砚成痴，著有《砚史》一书，是中国历史上第一本研究砚台的专著，他不仅试写过每块砚台，还亲自到产砚石的地方实地考察，最后下论终年浸水的石材最优。原来，长年浸在水中，让石材本身饱含水分，故不再吸取研出的墨汁，这样具备石细、石嫩特质的砚材，在经过工人细细打磨一番后，摸起来仿佛像婴儿娇嫩的皮肤一般，研墨时，一点声响都没有。

一个书法家不仅专注书写，还注重写字工具，大大实践了"工欲善其事，必先利其器"的古训，而这也为他写好书法提供了支持。

在市场专业导向的时代，跨领域应用，实践了创新加值的目的。以建筑与室内设计来说，可以整合古迹保存维护技术、城乡空间文化、建筑理论与分析、永续建筑环境与分析、室内空间设计理论以及环境美学艺术等领域，培养建筑与环境设计素养和技能；视觉传达设计以产业实习联结产业需求与国际见学，拓宽国际视野，培育不少精英；生活产品设计，可以致力提升人文品位，借由创新科技、工艺设计与数位技术，养成学生实务理论与市场需求兼顾；而应用设计在时尚创新中，产出跨领域创新营运价值，让学生在提升理论水平与实力之际，迎向国际市场新舞台！

中华文化有太多美好的元素让我们承续，例如在服饰上，历代服饰有独特的形制，以及织品材质、刺绣技法、吉祥图案，之后是这些综合体所表示的文化内涵与其展现身份地位的特殊性。这些绝美技法与内涵代代相传、技艺不断出新，为中华服饰展现精美绝伦的风采。

六、文创与生活

从文学文化到商品化，从定义到实作，从学校到社会就业，从实体到网络，文创其实跟我们生活紧密相随，从日常到职场，都可以发挥创意，任何一个小点子都可能形成创意，只要学习文创发展步骤，都可以让创意成为一门生意。

文创发展的重点，在于贴近生活、承接传统、勇于创新，文创最终是为生活服务，为生活提供优质又有人情味的便利，服务的对象是人。因此，以客为尊，要优质，要贴心，更要真诚。文创发展过程中，笔者也发现一些虚伪矫情的商品故事，甚至是为经营者编一段奋斗史，这或许是为了包装商品形象而去故意说故事，但当事情被揭露，品牌受损是日后很难挽回的。

在执行上，文创产业是一个分工较为繁琐的产业。以茶器为例，一组茶杯，包括杯体的设计、包装、摄影、文案撰写、文宣制作、展示、新品发表、通路销售、媒体曝光，每一个环节都有专门的知识。不过，为了商品呈现创作者的风格，以及品牌建立和永续经营，也有一些文创工作者坚持从头到尾一人承担，这一类文创通常是手作文创，创作者为做出自己的味道，总是慢慢酝酿。

第三章
文化元素

从文化进入创意的过程中，有一个很重要的步骤，就是从文化中提取文化元素，有了文化元素，才能进行创意与设计。换句话说，若不了解文化元素的意义，或不会提取文化元素。就无法走入下一个步骤。因此，本章将专论文化元素，并以闽南建筑为例，说明文化元素萃取方式，以及文化元素转换创意的实例。

一、何谓文化元素

文化创意设计的关键，在于文化内容的元素萃取，并以保有文化的核心意义与价值为前提。通过创意，让文化元素成为设计元素。

以闽南建筑为例。闽南建筑，是中国建筑文化代表之一。其中尤以红砖为建筑特色，所谓"出砖入石燕尾脊"中的砖，就是指闽南建筑的红砖。

红砖的采用与就地取材有关。闽南地区黏土量多质佳，特别是在龙海上码与漳州市区一带。当地人以这些黏土为主，烧制红砖，如长条砖、瓦砖、桶砖等，这些红砖被大量应用在闽南建筑结构中，形成建筑特色。

红砖的烧制工序十分繁复并且费时费力，从采集黏土原料，过滤土中杂质，练土并挤压成型，待干燥后进窑烧制，最后冷却。从制胚到出窑，6个环节往往需要100多天。烧出色彩鲜艳的红砖，不仅颜色喜气，更具有吸湿功能。

　　今天，在漳州古城里，仍然有许多上百年的红砖老厝被好好保存着，成为相当好的文创课程教材。笔者带学生到现场调研，先从闽南建筑外观与特色介绍起。

　　建筑是文化的产物，累积了多方面的专业，其建筑材料、形式、装饰，都承载着历史、知识与内涵。欣赏古建筑，应该让学生从这些知识面开启对建筑文化的了解。

　　闽南建筑在来源上，延续中原古建筑建造布局与工法，装饰艺术的图案，上承传统，有象征、祈愿等内涵。红砖为当地建材，虽然造型简单，却在先民的智慧中，砌成不同的花样。例如，万字、喜字，更有以梅花砖、金钱砖、龟形花砖、柳条花砖，砌成透窗，成为闽南建筑中建材与装饰的重要项目（见图3-1）。

　　红砖，承载水土之德，造就闽南红砖厝的大美，成了闽南建筑中具有意义的文化元素。

图 3-1　闽南建筑以红瓦在墙上砌成透窗，独具特色

二、从文化元素中提取创意元素

红砖是闽南建筑中的文化元素，但红砖的样式很多，如果我们要把红砖当成设计元素，还必须细化，也就是从众多的红砖图样中，选取最单一的形状或花样，作为设计元素。

当我们了解红砖在闽南建筑中的制作材质、烧制工艺、砖型花样、功能特色后，就可以进一步选取红砖花样作为设计元素，进行创意构思。

元素提取时，可以将元素作为设计基础元素。例如在闽南建筑中的梅花花砖，多是以数个花砖排列在一起，构成一整面砖墙或花窗，这时候，我们可以选择一个梅花花砖作为设计的基本单位，从文化中提取元素内涵和灵感，使传统元素得到创新。

文化元素要有文化内涵，也就是说，元素本身就具有历史与文化意义，如果只是一个形状或图形，说不出其中的文化内涵，就称不上文化元素。像文中所举的梅花花砖，是闽南建筑中常见的图案。梅花在中国文化中是具有文化象征的植物，寓意人品高洁，是文人的精神寄托。闽南建筑中，红砖中的梅花花砖常砌成花窗，装饰在建筑的大厅外，象征家主人对品德的要求，也约束家人行为操守，具有文化意义与可辨别性。

设计者可以从梅花本身的文化意义进行创意构思，佐以花砖在材质上的特点，进行文创商品设计。

像图 3-2 范例中，梅花花砖以缩小版做成挂件，颜色喜气，形状小巧可爱，还可以在花砖上滴几滴香水，挂在包包上，随身散发好味道。

具有特色的建筑，其外形也可以作为文创元素。例如悉尼歌剧院的建筑外观就非常特别，它是世界著名的表演艺术中心、悉尼市的标志性建筑。2007 年，这栋建筑被评为世界文化遗产，外形具有独特性，是悉尼的文化象征，因此，其成了文创商品的设计元素。

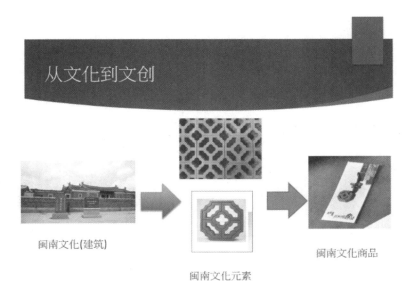

闽南文化(建筑)

闽南文化元素

闽南文化商品

图 3-2　从闽南文化中选取文化元素，然后进行创意设计

　　在歌剧院的商品贩卖部，就有许多商品是以它的建筑外观作为主视觉。2019 年，笔者参观悉尼歌剧院时，这个商品部就在歌剧院内设建筑博物馆的旁边，当参访者了解歌剧院建筑的历史和特色，再绕进商品部时，这些具有建筑标志特色的文创商品，就对参观者产生了意义与纪念价值（见图 3-3）。

图 3-3　歌剧院内设建筑博物馆和商品部

三、闽南建筑中的文化元素

文化元素与元素不同，虽然都可以作为设计元素，但之间的差别，在于文化元素来自文化范畴，而设计元素并不一定要有文化意义。

为了让学生更加了解文化元素，笔者以闽南建筑为例，训练学生从近在眼前的建筑，体会文化元素的意义，并且学会从文化中找到文化元素进行创意构思。

文化元素是组成文化的最小单位。由于这个最小单位是相对的，同样在闽南建筑中，大家对文化元素的萃取可能不同。以梅花花砖为例，可以以一块砖为文化元素单位，也可以选择四块砖为单位，因为四块砖组合起来，中间形成一个柿蒂纹，有"事事如意"的象征意义（见图 3-4）。

图 3-4　文化元素单位是相对的（图片来源：三和瓦窑官网）

　　闽南建筑中的装饰性构建非常多样，都寓意吉祥，在题材上，有龙凤、麒麟、螭虎、鲤化龙、龙马、鹿、鹤、螃蟹、螭虎围炉、鲤跃龙门、龟鹤麒麟、莲花、菊花、松竹梅、四君子、暗八仙、双钱纹、云纹、万寿纹、如意纹、八仙过海、福禄寿、南极仙翁、伯牙鼓琴、竹林七贤、琴棋书画、富贵白头、加冠晋禄、一路连科、玉堂富贵、三元及第、一品清廉、元亨利贞、诗书传家等，这些都具有文化象征。学生应该先搜集资料，了解这些题材在中国文化中的意义，再考虑这些题材与居住在建筑内的人所产生的关联（见图 3-5）。

图 3-5　闽南建筑中的装饰

　　中式建筑中还有一种深具特色的文化元素题字。

　　题字的形式很多，有楹联、题匾、堂号、贺词等，在门楣、柱子、外墙上，通过言简意深、音韵协调的文字，形成建筑中独特的装饰艺术。题字是中国文化瑰宝，同时也是很好的文化创意元素。

　　在漳州天一总局建筑中就有不少题字，有些是家主人自己写的，有的是邀请名士贤达写的，装饰在门楣或厅堂中，不仅增加书香门第的气氛，同时也有如告示一般，展现家族所重视的价值观念（见图 3-6）。

图 3-6　天一总局大厝过水门上题有"读书便佳"四字，
展现家族对读书的重视

　　学生在了解诗文意义后，可以选择其中的元素进行设计。例如大厝房间门楣上，各有居仁、由义二字。居仁、由义语出《孟子·尽心上》："居仁由义，大人之事备矣。"是希望人人能内怀仁爱之心，行事遵循义理。这个家族的家主人将居仁由义安置在门楣上，家人每次进出都会看见，用以提醒家中大小，做人必须怀仁爱之心，做事必须合乎义理。换句话说，居仁、由义由做人做事的标准，延伸至这家人约束自己的日常警句。学生对此深受感动，将此四字依照这样的应用意义，设计一款伸缩尺，在尺卷空白处，印上居仁由义书法字体。文具是学生每日都会用到的东西，希望由此提醒大家做人做事能居仁、由义。

　　闽南建筑装饰承载了许多文化内涵，除了忠孝仁爱、居仁由义，我们也常在闽南建筑中发现耕读思想。中国古代知识分子以半耕半读为合理的生活方式，所谓"耕读传家久，诗书继世长"，由此形成"耕读文化"，表现在建筑中，就是在墙壁或柱子上，题诗、题字，若是以石刻图案表现，就会有水牛耕田的图案。另外，寿字、多子多孙的图案，更是雕刻精美、花样繁多，值得学生仔细探究，从其中发掘图案精美、意义深刻的文化元素。

四、闽南建筑中的外来文化元素

除了中国传统文化，闽南建筑中还有不少外来文化元素，展现中西合璧的特色。

闽南地区在 19 世纪末，有许多华人到东南亚工作，其中不乏经商有成者，他们带着大量金钱返国建造洋楼，造福乡里，同时也带来海外建筑元素，形成闽南地区另一种建筑风格，"浮雕花砖"就是其中之一（见图 3-7）。

图 3-7 天一总局内的浮雕花砖

浮雕花砖（Relief Tiles），产自 19 世纪的欧洲，特别在英国有大量工厂生产。这种启蒙自木雕与石雕的技术，制作方式是先由设计师雕出立体花样，开模后，在瓷土上压下立体图案，以手工分别涂上不同釉色，再以窑火烧制。由于人工上釉，在釉水的施作上分量不一，加上窑烧温度的差异，即便是相同图案，烧制后，也会出现色泽浓淡深浅的差异，使每一片浮雕花砖都是独一无二的颜色。

随着英国殖民拓展到东南亚，这些浮雕瓷砖也来到南洋各地。今天在新加坡、马来西亚等地，仍保留着当时的建筑装饰，许多老建筑门口墙面上的浮雕花砖，正是那时候留下来的。例如，新加坡牛车水店屋（Singapore Peranakan Shophouse）和乌节路旁的翡翠丘社区的住宅，都满布浮雕花砖，具象了此一时期的风格特色。

天一总局所采用的浮雕花砖在风格上，属于 1880—1910 年在欧洲流行的新艺术运动（Art Nouveau）影响下所生产的瓷砖。这种风格最重要的视觉感受，就是充满动感和活力。波浪形和流动的线条，仿若海洋和风的流动，使装饰充满了自然韵律，特别是植物，枝蔓和叶子的舒展，展现像是植物活生生的成长样貌。天一总局的浮雕花砖就让人有这种感动。

19 世纪末至 20 世纪初，赴东南亚经商的华侨，在传统衣锦还乡思维下，返乡建置洋楼，自然会在建筑外观上有所表现，除了宅第面积广大，在视觉上，来自西方的花砖，外观与传统建筑装饰不同，花样新颖、价格不菲，正适合体现家主人的成就。同时期 1910 年岭南第一侨居潮汕陈慈黉故居、1903 年华侨富商所建漳州东美曾氏番仔楼，都有大片浮雕花砖装饰，只不过两家大豪宅花砖皆以外墙和柱子装饰为主，发挥防水与装饰作用。天一总局大厝浮雕花砖的粘贴，主要在大厝中轴线上，显然是一种系统性的规划。家主人借由花砖的布置，展现赴海外经商成就，并赋予其新的意义，是一种具有文化内涵的创新。

天一总局建筑群中的建筑装饰性构件，其内容主要以木雕、砖雕、墨画为主，以西方建筑才有的浮雕花砖，建构出闽南建筑的新风格，这样的建筑装饰性构件，不仅仅在于装饰作用，同时也具有实质的功能性考虑。

首先是抗风吹雨淋的功能：

天一总局第一批浮雕花砖位于大厝屋外檐下侧面墙壁，不畏风吹雨淋，郭家巧妙放在太阳较少直射的侧墙，减少日照对釉面的损伤，是相当周全的安排，相较邻近斑驳的水泥砖画与墨画，正凸显瓷砖在建筑构件上的优势。

其次是抗污功能：

第二批浮雕花砖位在大厝中轴线上。瓷砖釉面光洁，以清水擦拭即可，若有油渍，也可以加些肥皂清洁。人来人往最多的中轴线两侧，是最容易弄脏的地方，设计及腰的瓷砖花墙，正好解决这个问题。

最后是寓意"一路繁华":

中轴线上的花砖从下厅开始铺设,经由大厅,一直连接到宛南楼的正厅,头尾连贯、一气呵成。中国传统建筑中,中轴线是相当重要的,全厝最高大的房间就在这条动线上,是整个建筑的焦点,具有中庸之道、允执厥中的内涵。家族重要事情与活动,也都是在中轴线上各厅举行,例如祭祀、祝寿和结婚喜庆等。下厅两侧高挂结婚志庆镜匾,是郭家长子郭用中结婚时,天一总局海内外各地分局合资所赠,镜匾下方正是浮雕花砖,将整个空间装饰得相当喜气(见图3-8)。

图 3-8 天一总局的浮雕花砖

学生从墙面萃取一片花砖图案,作为元素,依照花砖背后的工艺、材质特色、文化意义等,进行创意构思。

第四章
文化素材何处有

　　文化创意源自文化元素。大家生活在历史悠久的中华文化圈里，创意资产随处可见。碍于自己对于文创的学习尚在初期阶段，大家可能对这些文创资产视而不见，例如，许多人到"天一总局"参观，都说那不过是一间破旧的房子，但在古建筑学家的眼中，它可是中国近现代重要遗产之一。

　　在建筑装饰性雕件中，我们看见中华文化的忠孝节义化身在雕梁画栋间，更有名流士绅在墙柱间题诗撰文。传承和发扬文化是文创重要的主干，没有传统文化元素，这样的文创就缺乏继往开来的责任与担当。初学者很难自创元素，所以，对于中文系的学生来说，文化创意的资源可以来自以下五个方面。

　　（1）中国文化元素：学习中国文学的学生，可以从自己的知识范围内寻找文化元素，由传统文化中点石成金。

　　（2）当地的生活资产：各地都有古城或历史名都，有历史记忆与文化元素。

　　（3）家族传承：有许多民间技艺都是代代相传。目前为了保存这些民间技艺，国家设立了非遗认证，并且提供相应的帮助。

　　（4）博物馆的资源。

　　（5）自己的兴趣。

　　中国有丰厚的历史文化，特别是在博物馆里，不仅有系统的古文物展示，同时还提供文字说明与导览介绍，学生可以从文化出发，从其中萃取文化元素，经由设计文创商品，让文物走向现代生活。这些文创商品同时也能促进经济发展。本章教导学生以文化为根基、以文字为演绎，发挥创意，让文化成为商机，走进生活（见图 4-1）。

图 4-1 南京博物院文创商店，以馆内古文物为元素进行设计

以博物馆为例，根据苏州博物馆的资料，苏州博物馆文化创意产品的开发经营越来越好，2013—2015 年，苏州博物馆文创产品销售额翻倍增长，2015 年销售额为 706.6 万元。2016 年销售额增长 40%，达900 万元。2014 年，明星产品"国宝味道之秘色瓷莲花碗曲奇"获"弘博奖·2014 中国博物馆文化产品优秀奖"；2015 年，"沈周玉兰缂丝钱包"获"中国工艺美术文化创意奖"铜奖，苏州博物馆更入选首批"全国博物馆文化产品示范单位"。

原本放在展览柜子里的古文物，通过文创设计，迎合了时代需求，让古文物有了新生命，美化生活，也为经济带来活水，这样一门好生意，当然值得我们好好用心投入。而活水泉源，就在中国文化里。

除了课本知识，博物馆、各地历史景点，都有值得观察和取样的文化元素，以狮子为例，狮子因为个性勇猛威武，宫廷门口都会有大石狮子，虽然都是狮子的外形，但因为受时代、安置场所和地域不同的影响，外形也会有所差异，从而成为各地特色，正好成为文创设计元素（见图 4-2、图 4-3、图 4-4）。

图 4-2   漳州颜氏家庙前的宋代狮子（摄影：高显莹）

图 4-3   香炉上的狮子（摄影：高显莹）

图 4-4   漳州白礁庙宇上的狮子（摄影：高显莹）

至于个人生活中，其实也可以找到创作的材料。例如在瓷都景德镇，千年瓷业，孕育出历朝历代绝美的瓷器，在颜色、图案、形制中，都有优秀的表现成果。置身瓷都，从制作技艺、釉色、工序中，都可以找到文化元素，进行创新。这种后出转精的技艺进程，不仅表现在官窑创作，也表现在民间制瓷艺人的作品中。

在闽南师范大学旁的漳州古城，有千年历史，宋代建的桥梁、沟渠与文庙，都留下当时的建筑特色与文化元素。课堂进行中，笔者会带学生到古城游览，讲解建筑中的装饰性元素的文化象征意义，并从功能、颜色、形制等，解释这些元素的精湛技艺与美好寓意。

一、中国文化素材

中国文化中有无数瑰丽的文化素材，是我们在进入文化创意时，获取文化元素最大的宝库。

在世界文化创意的舞台上，"中国风"一直被反复提及和应用，光是历朝历代服饰，就已经让我们取之不尽、用之不竭，更遑论在庙宇、建筑中的雕建等。英国著名的建筑师与设计师欧文·琼斯（Owen Jones），在《中国装饰花纹》（*Examples of Chinese Ornament*）一书序文中，提到中国装饰花纹的"精妙之处，不仅在于过程中所展现的绝妙技艺，还包括和谐美丽的色调，以及整体臻于完美的纹饰表现"，这点出了中国文化在装饰上的特点之一。然而，他所见其实仅有中国纹饰中的少部分，书中所见青花牡丹纹或莲花纹，在民间瓷器与服饰中常见，若走进博物馆，展示的纹饰更加精致动人。

这位 19 世纪最具影响力的设计理论家，在色彩绘图方面开创了新标准，被许多当代设计家奉为圭臬。他不仅点出中国装饰性纹饰的丰富多样性，凸显并赞美中国人特有的审美与装饰风格，同时也点醒我们，生活中处处充满美的文化元素（见图 4-5）。

中文系学生以中国文学为学习内容，文学文化的范围，既广泛又深刻，不仅表现在古人的文学作品中，也表现在古人的生活中。例如在宋代人文艺术的盛行下，士大夫普遍追求雅致的生活。宋人吴自牧《梦粱录》记载"烧香点茶，挂画插花，四般闲事，不宜累家"，点出了宋代文人生活的四种优雅活动。

图 4-5　南京博物院藏品，精湛的工艺、繁复的花纹，令人叹为观止

（摄影：高显莹）

　　文人的烧香并非为了祈祷，而是依照自己喜欢的味道调配天然香料，在居家与不同场合焚香，通过香味展现自己的品味。宋徽宗所绘《听琴图》（现藏北京故宫博物院），就在画中画了一只香炉，袅袅香烟在空中盘绕，带出画面优雅安逸的情调。香味成了士大夫的品味，因此各个贵族士大夫皆有自家专属调香，并形成宋代雅俗共赏的用香文化。

　　《陈氏香谱》记载宋代用香普遍，有印篆、凝和、佩熏、涂傅等香方，香茶、香珠等做法，是从烧香拜神的社会生活，进展到香文化的商品。文人雅士更以香为题，借香吟咏寄情，让焚香成文人的文化活动。

　　苏轼与黄庭坚都是焚香爱好者，苏轼在弟弟苏辙生日时，以新合印香银篆盘作为礼物；苏轼对黄庭坚烧香有感，写下《和黄鲁直烧香二首》，其中，"不是闻思所及，且令鼻观先参"写出品香的境界，已由味道升华到观想的层次。

今天，我们谈香文化，必须了解中国香文化的发展，知晓历朝历代文人在焚香的空间摆设、活动安排等，然后从中找出我们想要展开的元素，进行设计。例如香炉、香具、香的包装、香的配方、香室的安排等，以更适合今日生活的文创商品，带来现代生活美学。

在老建筑里，承载中国文化元素的物件更多，如花板、石雕、墨画、彩绘、剪黏、亭台楼阁，在今天或许已经损坏或显旧，或静静躺在博物馆里，需要我们走更多的路、花更多的时间去找寻，但这是值得的。特别是近几年来，历史古建物不断被发掘和重视，许多精致装饰物件仍然在时间中静静等待我们去发掘，在《古村落信息采集手册》一书中，有许多调研方法，学生可以参考、学习，类似的书籍还很多，都是很好的工具书，可以帮助我们在古建筑中发掘装饰性文物，并且加以运用。

二、当地文化元素

笔者所引用的案例是漳州的天一总局建筑群，因为学生不是学建筑的，因此，笔者以建筑群中的装饰性雕件为题，带领大家学习。这些装饰性雕件许多都是吉祥图案与历史故事，更有诗文绘画，只是换了一种方式表现，学生们不容易第一时间辨别出来。但学生发现的资料还是非常多，例如在大厝中庭，有一整排浮雕花砖，由于施有釉彩，虽然历经百年，瓷砖还是保存得不错。学生们第一时间被其花纹图案吸引，先逐一拍照，然后登记每一种类型瓷砖的尺寸规格、花纹特色、所在位置，并且也采访天一总局现今居住人，了解每一片花砖背后蕴藏的家族故事，并且绘制表格，如表 4-1 所示（见图 4-6）。

建筑物名称："天一总局"大厝

物件名称：浮雕花砖 1

物件编号：1-1-2019-08-01.1

物件地点：大厝中庭两侧墙壁

表 4-1   物件信息表

物件名称	照片	尺寸	元素	材质	技艺	时代
浮雕花砖 （玫瑰花）		10 cm×10 cm	玫瑰	瓷砖	手工上釉	1900 年 左右

图 4-6   撷取花砖图样

如果是一般商业应用，只需要把漂亮精致的纹路撷取下来，制成商品即可。但本课程的主题是文化创意，因此，必须同时彰显纹路所代表的文化内涵。经过资料查询得知，这片瓷砖是 1900 年左右的产品，这种工艺被称为浮雕瓷砖，在英国生产制造，是维多利亚时代的产物。

花砖皆为手工上釉后烧制而成，即便是相同图案，但受到手工上釉的笔触、窑烧温度变化等影响，让每片花砖色泽浓淡深浅皆略带差异，每片都是独一无二的存在，没有两片一模一样的花砖。早年可说是财富的象征，能够使用花砖的人家非富即贵。

瓷砖属机能性产品，用途多在防水、防污，金门、澎湖地区早年很多人到南洋经商，努力工作取得富贵回到家乡，常会选择以盖大屋并镶嵌大量花砖的形式彰显这份喜悦（见图 4-7）。

图 4-7   大厝里的花砖

这种花砖完全采用手工制作，这在今天工业化机械制作时代或许很简单，但在当时却极不容易。在台湾也有想要恢复这种花砖制作的团队，曾经与新北市莺歌陶瓷博物馆合作，尽管已有 50 年资历的专家协助烧制花砖素胚，但两次试烧共计 800 多片，全部失败，然而素胚烧制稳定后，接下来还要面对烧"釉"的挑战。

一开始，学生的策划是想要复刻花砖作为文创商品，大家心里认为满街可见的花砖，制作起来应该不难，再加上这已经是 100 年前的工艺。事实不然，经过资料搜集，我们才知道抱有这样想法的文创工作者，已经尝试过复刻之路，而且挑战度极高，绝非我们可以办到，因此，该怎么做才能让花砖走进民众生活领域?学生经过 SWOT 分析，决定以印制花砖纹路制作吸水杯垫，并在包装上，说明花砖制作工艺之美与花砖在建筑物中的文化内涵。策划内容如表 4-2 所示，成品如图 4-8 所示。

表 4-2　花砖文化策划

商品名称	吸水杯垫
设计者	詹董滢
主要元素	瓷砖花样
灵感来源	来源于天一总局宛南楼至大厝主通道旁的瓷砖花样
设计构思说明	百年前，天一总局的花砖从外国远渡重洋，伴随着海外华侨从南洋来到漳州流传村，盛极一时。随着时间的流逝，花砖逐渐消逝在我们的记忆中。将花砖融入生活，以吸水陶瓷为载体制作杯垫，用以装点家居，美化生活，令人赏心悦目
制作预期目的	设计这款文创产品，最大的意义在于让天一总局的建筑装饰性雕件中所蕴含的文化内涵能够融入日常使用的文创产品中，让每一位使用者在使用该产品时，能用一种更加轻松有趣的方式去解读天一总局建筑元素
销售对象	天一总局的游客， 闽南师范大学学生， 对文创产品感兴趣的社会大众
制作方法	ＵＶ直喷打印
包装方式	牛皮纸镂空独立包装

续表

商品名称	吸水杯垫
制作特色	运用吸水陶瓷的材质作为载体，卓越的吸水功能，水分可自然蒸发，重复循环使用，环保时尚
制作经费	7元/个
展示场所	天一总局， 闽南师范大学

图 4-8   花砖杯垫成品图

老城市总是充满文化元素，在我们生活的周遭也有值得关注的创意来源。笔者有一位学生住在河南漯水，这是许慎的故乡，有许慎的坟茔，附近是钧窑、汝窑的所在地，还有苏东坡的坟冢，是一个充满历史文化的城市。笔者每次跟这位学生聊天，她都表示希望为家乡做点什么。特别是上了笔者的文创课，她颇有启发，她觉得自己可以从文创方面为家乡宣传。为此，她以文创作为她的毕业论文题目，毕业后还计划到英国留学，充实文创知识和理论。笔者非常喜欢她的热情和想法，生活即文创，在生活范围内以文创带来生活的质感，才是文创的目的，笔者之前在城市举办都市更新征选活动，也是基于"改变一个家的环境，不如改变一个城市的环境"的想法，如果大家一起改善环境，那么我们自己居住的城市该有多美好！

在此，笔者介绍一个由一群年轻人自己发起文创，改变巷弄的城市：台南市。

闽南师范大学文学院和台南市有交换学生，和去过的学生一提到台南，大家脑中就浮现出一个充满文化、美食、阳光的城市。在台湾最早开发的土地上，大陆渡海来台的老祖先钦点之地的美好，在一砖一瓦、一餐一饭中展露无遗。如今随着城市发展，这个城市变得更加精彩，让我们看见台南市今非昔比的城市魅力。其中就有一家科技大厂和一群返乡年轻人，以文创在台南巷弄老房子里再现着这座城市的精彩。

台南有多好？看看古城小巷里穿梭不停的游客就知道。每次听人讲起台南，总是夸赞台南的小吃很出名，同事中有台南人，也是手艺好得不得了。我们常笑台南出来的年轻人，最后是因为受不了外面的食物才返乡。台南是一个很悠闲的城市，跟闽南师范大学所在的漳州很像，都很悠闲、慢节奏，但今天，她缓慢优雅的生活步调中，更因为都市发展的擘画与科技大厂的进驻，为文化古城注入了新的动能。

已经退休的前台积电公司董事长张忠谋之前选定台南，落脚南科，看上的不仅是腹地广大与人才充沛。这里宜居的氛围和建设，更让处处为员工着想的张忠谋深感认同。台南人的热情就像阳光一样温暖，让他从另一个角度，体会到了不一样的台南。

谈到城市建设，张忠谋引述全球知名学者、哈佛大学教授 Michael Porter 的竞争力理论，认为拥有整齐、良好的聚落环境，国家竞争力才能提升，而一个公司若要成功，也要有个好聚落来支撑。在福州，三坊七巷的更新与维护，以三坊七巷的特色建筑与当地非遗发展出各式各样的文创，带动观光旅游的热度，就是很好的范例。

老城市有许多美好的传统元素，特别是人文艺术与建筑，年轻人返乡保留老房子，将其设计为民宿、食堂、咖啡馆，让老房子有了新生命，保留老的城市味道，这些有趣的小店，成了许多人的私房景点。到老城市旅游，不再只是吃吃喝喝，在古城中体验文化传承与创新，老城市的文创，为城市的活络做出重要贡献。

三、博物馆数字化图像

除了在古建筑、服饰中找寻文化元素，近几年博物馆也开放馆内图文资料，其中有不少中国元素纹饰，而且免费提供高清图片下载，非常适合用来制作文创商品。

2011 年，荷兰国立博物馆（Rijksmuseum）率先开放展品高清图像免费下载，这个做法为博物馆资源开启一项创新服务：Opendata（数字化图像开放公开使用），带动许多博物馆跟进，连带也推动了文化产业发展。在提取古文物图片时，可以先找找这些博物馆是否提供高清图片，并注意使用权限。

当我们进入博物馆参观时，馆方基于文物保护等因素，通常禁止摄影，但仍然有许多参观者无视告示，对着展品拍照。设在阿姆斯特丹的荷兰国立博物馆也受到同样困扰，游客拍照对艺术品造成保存上的风险。一位博物馆管理人员更发现馆藏一件维末尔（Vermeer）画作在网上有高达上万张低质量图像，这些大量而低质量的图像影响了画作呈现的质感，也错误传递了画作在各项构成元素，诸如颜色、清晰度的正确性，为此，荷兰国立博物馆决定开放馆藏作品高清图片免费下载，希望民众可以借此获得艺术展品的第一手高清图像，而无须再违法拍下画质不佳的低质图像。

艺术作品的美，是唯一的，当里面构成元素有所改变，诸如颜色、色彩饱和度、亮度、画面清晰度等，就会影响画作传达的美感，因此，保存古人书法绘画，不仅在于文字图画之实，也在真迹之美。以王羲之《兰亭集序》为例，唐太宗得王羲之《兰亭集序》真迹后，即命大书法家欧阳询临摹，刻石于学士院，并将拓本赏赐近臣，即后世所谓《定武本兰亭》。世所传兰亭摹本甚多，《定武本兰亭》之所以特别受到推崇，正因其不仅忠实记录版本样貌，更得其神，元代书法名家赵孟頫在定武本后有跋："古今言书者以右军为最善，评右军之书者以褉帖为最善，真迹既亡，其刻石者以定武为最善。"

无法见到真迹，在没有数码高清图片的年代，看见最佳摹本拓片就是最好选择。

《定武本兰亭》目前藏于北京故宫博物院，实属珍稀。不仅是令许多书法爱好者与书法研究者心驰神往，就算一般中外民众也意欲一览。但在北京故宫博物院展出有一定时间，展出期间也并非人人能到现场亲睹，于是，复制印刷品成了人们的另一种选择。

早期博物馆提供展品复制画，对观赏者与研究者都是福音，但受限于摄像器材的分辨率，图像清晰度有限。之后，各博物馆开始建立数据库，对于高分辨率图像开放购买，若应用于商业用途，更需要依使用次数收费。这对图像在画素水平上的提升是一大进步，然而，收费制度也限制了高清图像的普及。等到手机、数码相机等手持终端设备的问世，加上网络的盛行，民众开始将自己到博物馆随手拍的图像上传到网络上。然而，毕竟不是每个有相机的人都是摄影家，因此也衍生出另一个严重的问题，那就是这些大量而低质量的图像充斥网络，影响了艺术品呈现的质感。为此，荷兰国立博物馆第一次开放300 000 张高清图像，供人们免费下载，目的不外乎捍卫艺术作品的形神之美。

博物馆艺术展品数字化，形同艺术品精致再现，而这样的复制品并非今日才有，在古代中国金石学中即有所谓拓本，类似于今日复制品，相较于临摹，拓本更能精准传达书法艺术家的神形内涵。

北宋欧阳修著有《集古录跋尾》一书，是首部集古代金石拓本之大成者，他花了将近二十年的时间，详列所搜集之拓本，附释文于后，同时写下跋尾，简述器物或碑石年代、收藏状况、相关史实等。欧阳修对于拓本的详细搜集与记录，正彰显艺术品不仅具有美感价值，同时也具有历史意义，他的搜藏行动，上至周穆王，下至五代，云集各地古物碎片，最后集结成为一个巨大数据库，不单重现书法之美，也从其间考据史事，诚如他在《集古录目序》中提到"因并载夫可与史传正其阙谬者，以传后学"。当代汉学家艾朗诺（Ronald Egan）更专篇论述《集古录跋尾》中所透露的内涵，不仅在于书法金石字迹，更在其所叙述的事情。

拓本让金石不朽，其铭文可以用来校正史书文本记录；摹本让绘画流传千古，据之得以见其作品原貌，如今，通过数码科技，让艺术品得以形神俱存，其所能彰显与应用者，不仅在于历史考证，更扩展到教育、展览、文创等方面。2016 年 12 月 29 日，北京故宫博物院在熙和门南北两侧成立教育中心，作为北京故宫博物院的教育平台和互动窗口，其面向社会举办了许多活动，在其举办的"刻章&藏品阅读"课程中，北京市第三十一中学的学生参加此项刻章体验和藏品阅读课程，通过数码图像，观察"乾隆五玺"刻章，了解"乾隆五玺"的历史，并动手刻印。同样的，2010年上海世博会中国馆展出的《清明上河图》长卷，以动画方式呈现北宋汴京城市风貌与街景人物，这些灵动鲜活的动画，都根植在高清数码图像而加以创新应用。

高清图片免费下载，博物馆让资源共享。荷兰国立博物馆大量数据公开下载的创举，为博物馆数据化服务开启了新的方向，之后更有多家博物馆开放相关服务。2017年2月7日，美国大都会艺术博物馆依据创作共享（Creative Commons Zero, or CC0）授权条款，公开无版权艺术作品，可免费使用。

2017年7月7日，台北故宫博物院为贯彻博物馆公共化理念，设置Open data专区，其中"文物查询下载"及"精选图像下载"中的图像，无须申请，不限用途，不需付费。民众可直接下载使用。"文物查询下载"中书画类及器物类多达70 000张数码图片可供下载；"精选图像下载"中则有1 640张数码图片可供下载，且每季将增加500张，欢迎各界民众上网搜寻、下载、张贴或文创设计使用。

如同一般博物馆的使用条款，台北故宫博物院开放数码图片之前，民众想要使用图像研究、销售或从事文创产业发展，都必须申请和付费，自开放图片下载后，市面上出现多家以台北故宫博物院图片制作文创产品，其中更有商家在信义诚品设柜销售。

相较于各大博物馆，北京故宫博物院藏品数字化成绩斐然。至截稿为止，北京故宫博物院数字文物库已建立雕塑、陶瓷、织绣等17大项，52 558件套，根植于数字化所产生的应用，更是变化多姿。值得一提的是，北京故宫博物院以一己之力，致力开发文物资源，琳琅满目的文创商品，既实用、充满文化内涵又呼应当代生活所需，加上App创意营销，让历史文物以崭新的姿态走进群众生活，真正达到"让文物活起来"的境界。

诚如北京故宫博物院所言："文创、教育产品的研发和传播是博物馆让'文物活起来'的重要途径和有效手段。"北京故宫博物院以专业团队为文创把关，深掘文化深意，又翻转出时代新意，让文化内涵有了新的风采，是全球博物馆中，以中国文化元素创新发展的佼佼者。现以北京故宫博物院金箔手工皂系列中的"洛神水仙"为例，其皂面图案源自明代剔红水仙花圆盘，并融入中国文学中洛神为水仙花神的意象，这让一块肥皂有了多重内涵，不仅水仙花图案雅致，让明代宫廷御品用走进今日寻常百姓家，也在洗濯之间，让人想起曹植《洛神赋》笔下的美丽的洛神。

相较于北京故宫博物院对古物图片的使用权管理方式，许多博物馆逐渐开放高清图片免费下载，虽然让文创制作者因此获得更多素材的选择机会，却也有不探究文化真意的设计师仅取图形进行创作，无法完整传递文化内涵。毕竟中国文化博大精深，每个古物的载体，并非仅是表象意义而已，想要从事中国文化创意，还是必须要有一定文化涵养，对古物有一定了解与鉴赏能力。例如，台北有商家为应景狗年，以郎世宁十骏犬图为设计元素，配上五行颜色，制作一组马克杯，经商品销售人员说明，却与郎世宁十骏犬图所表达的文化内涵并无直接关系，像这类状况不胜枚举。相较于此，台北故宫博物院自行开发的"朕知道了"纸胶带，以康熙皇帝亲手朱批为素材，即使是外国人不认识中国字，在经过简单说明，也能了解文字意义和纸胶带使用的趣味性。因此，丰富的数码图档资料，即使设计唯美，还是必须佐以厚实文化素养，才能让文物焕发新的生命。

数据公开带动文化创新。今天，北京故宫博物院在数码影像的发展中，已从出版品、文创品，走进影像制。项目包括故宫壁纸、故宫App、故宫游戏等，这些传承自过去、应用于当代、放眼于未来的应用发展，都是架构在博物馆数字化高清图像的基础上，是博物馆数字应用的新领域。

博物馆馆藏数据化便于资料建档、保存，这对博物馆内巨量的馆藏文物而言，是一个好消息，同时对于文物藏品的保存、修复，也有显而易见的贡献。近几年，博物馆对于脆弱的文物，改以仿若真迹的高清复制画代替，更是受惠于数字化档案的建立（见图4-9）。

图 4-9   上海博物馆展示的青铜器，上面的每一个元素，都具有文化象征意义，适合发展成为文创设计元素（摄影：高显莹）

北京故宫博物院至今仍秉持审慎的态度，政策上，以严谨的态度对待数码图片的开放使用范畴，但在文化普及上，馆方却能以更加灵活而大众化的方式，将数字化图片佐以文字说明，以呈现更完整的信息，通过微信、新浪微博分享图片，普及文物知识。例如，可以下载与分享缤纷多彩的故宫壁纸到计算机或手机上，随时看见故宫美图；故宫 App 随时掌握故宫最新展览、专家解说的文物知识、有趣的皇城游戏等。

而首先开启数码图档开放使用的荷兰国立博物馆，目前已提供629 966 件艺术品免费浏览和下载，更增加不少应用。例如，图片剪辑功能，方便民众自己下载后制作喜爱的物件，打印在衣服、手机壳上等。这种属于个性化的自己动手做模式，非常简单而有趣，把名画穿在身上，或是拿着独一无二的名画手机壳，既独特又时尚，让民众把原本保存在博物馆里的作品带进生活，也算是一种另类宣传，而这种使用方式，更能让大家贴近博物馆里的艺术品，也大大促进文化的传播，提升公众文化水平。

博物馆从数码图片建立之后走进文创，使文化与生活结合，历史与当代接轨，让古物以新的面貌走进现代生活，让原本严肃的博物馆活了起来。各个博物馆也竭尽所能，让古物借由数码影像活用。未来，如何让这些美好的文物活在当下，将是各个博物馆与文创人的使命！

四、老物件，新生命

文化创意以美为主轴，那么该如何找到美呢？

知名建筑师、美学大师汉宝德认为：应该从日常生活中的小处着手。他有一本书谈美学的书：《美，从茶杯开始》，笔者很喜欢序言中的一段话："我们曾经热衷于美。蔡元培先生提出'美育代宗教'，20世纪 80 年代亦有所谓美学热。但现实状况却是，我们的城市景观、日常用品，乃至生活方式与品质，都因美感的缺乏而呈现令人痛惜的芜杂与粗陋之弊。这固然有经济与历史的原因，但更重要的或许是，百年来我们思考美、谈论美的方式，一直走在歧路上。"

汉宝德先生从大处着眼、小处着手，从最接近生活的美感出发，自日常随处可见的杯子器皿谈起，实在是明智之举。美如果不从生活中进行，谈美，实在很空泛。而喝水、喝茶、喝咖啡，都是每日要做好几次的事，每天在喝水中练习美、培养美，真是非常实际的建议。我们可以从选择自己的茶杯开始，一个茶杯不仅是装水装茶的器皿，茶杯的大小、茶杯的釉色、茶杯的形制，都展现了个人的美感与风雅，看看描绘古代文人见面的古画，总是会有茶。宋代徽宗所绘《文会图》，桌子上与一旁煮茶的茶几上，都放着精致的茶杯，彰显这场皇家聚会中主人的美学品味。

汉宝德将美感归结为"文明的基石""人类尊严所系""一种文化力量"，这句话笔者非常有感悟，特别是在走进中国各地的博物馆，欣赏历朝历代精彩纷呈的古物，心里总是特别地感动。汉宝德点出"美"是"美感"，是一种"人类共有的感觉"，与"生命连在一起"，有趣的是，在他长久的观察中，发现当今在美育的推广上，最大的障碍，是一般人把美与艺术混为一谈，美育受艺术的拖累，才一直找不到正确的途径。

笔者推荐学生看这本书，一方面是因为汉宝德在美学上扎实的修养，他对中国传统建筑的深知与实践操作，使他能以简单的例子为读者说明。另一方面，他把美从佶屈聱牙的学术领域拉回人间，清晰阐明艺术、设计、美三者的关系，美与设计、与日常生活的结合，是新的趋势，也是现今的需求。他更写了一手好书法，还为贩售传统古典家具的小商店写招牌，让美从商家的门面开始，真是用心良苦。

喝茶喝水是我们每个人每天都要做的事，但手里拿的杯子却极为随便，一个日常都不注重的小事，其实反映出我们对美的冷漠与忽视。汉宝德在书中并非全述及杯子，他从各方面提出指点，书中的"宋代牡丹纹青釉提梁倒注壶"，纹饰精细，造型独特、构思巧妙，外表虽与一般茶壶没有太大差别，实际上，壶的底部中心有个梅花孔，灌水时将壶倒置，水从狮子口溢出时就表示水盛满了，这时再把壶倒过来，因壶内有漏柱阻隔，所以水不会漏出来。

几千年前的工匠就懂得利用液面等高原理，而壶底有梅花，壶腹刻饰缠枝牡丹，釉色稳重、大气，这种匠心仙工，岂不让人喜爱和佩服，同时也点醒我们该在茶器甚至是饭碗使用上用心（见图4-10）。

图 4-10　各式各样充满美感的碗（摄影：高显莹）

笔者认识一位陶艺家，他在志野陶领域相当有名，志野陶已经有五百年历史，但他创作的志野陶釉色厚实，釉与传统志野陶不同，他的作品，视觉可辨识度相当高。陶釉厚实对陶艺家来说是一种很大的挑战，他常开玩笑，说自己是看天吃饭，天气中的温湿度都会影响烧窑的成果，久而久之，他也就顺其自然，他的作品每次出窑，都用布包起来，没有盒子。质朴而有内涵的作品，一如他的风格。

茶杯不单独存在，而是与茶汤、使用空间、需求等整体而论。蔡襄在他的《茶录》中，将福建御茶园所产小龙团茶的饮用过程与搭配器皿，写得有条有理，就是点出宋人在喝茶这件事上的美学品味，今天我们当然也应该从日常中培养美的品味，过美的生活，让自己生活在文化创意的美好中。

五、传统工艺的新生

受汉宝德在日常找美的事物的启发，笔者和学生一起，在学校附近的古城寻找美的元素。

近几年，在振兴文化过程中，非遗成了热门话题。身为文创课的教师，笔者也希望能与非遗传承人合作，为非遗文化助力。很幸运，学校附近的漳州古城里，有许多已进入和正准备申请成为非遗的项目，这些传承因为多是手工类技艺，需要长时间操作（如：竹编食器），或是由于技艺上的难度（如：棉画、刺绣），于今多是年纪大的长辈坚守岗位，经营十分艰难。学生到古城调研，选择自己有兴趣的项目，作为文创策划题目。（此外，有些非遗项目涉及环保，站在教育立场，我们也未涉及，如：制作材料已经濒临绝种，或是禁采）。

其中有一位学生以"笊篱"为题。

"笊篱"是一种中国传统的烹饪器具，用竹篾、柳条或铁丝等编织，能漏水，多用在汤里捞东西。北魏贾思勰《齐民要术·饼法》有云："拣取均者，熟蒸，曝干。须即汤煮，笊篱漉出，别作麛浇。"（见图 4-11）

图 4-11   学生向非遗传承人学习漳州"笊篱"工艺

　　这个笊篱在民间使用非常普遍，早期漳州古城制作笊篱的商家非常多，随着时代的发展，机械取代手工，如今古城也只剩一家坚持古法。

　　古城笊篱的制作人是一家子，代代相传，人都非常和蔼可亲，对这项非遗的传承也都非常用心，当他知道学生要学习笊篱编织技术时便立刻答应。当天，他向学生说明早年笊篱制作盛况，以及制作工法，学生也在他的指导下现场操作，体会笊篱制作工艺。学生在一边看师傅编织得又快又轻松，没想到一上手完全不是这么一回事，笔者看学生编得歪七扭八，孔洞有大有小，学生还直喊手痛，笔者就想起老师傅之前告诉我这工艺如何不简单，还把手上的茧子给我看，但直到亲自操作，才明白要学会做好一个笊篱真是不简单。

　　传统手工艺转向日常，需要匠人与文创者合作，例如古人对文房用具中的墨很讲究，但好墨并非人人可得，所以文人士大夫干脆卷起袖子，自制心目中理想的墨，或是能代表自己气味风格的墨。苏轼就曾经在海南岛自制油烟墨，可惜调的比例不得其法，从苏轼的诗文得知，结果并非尽如人意，他并没有做出期望中的墨。苏轼自己制墨不得法，干脆交给墨工，元符二年（1099）四月十七日，苏轼在南海遇著名墨工潘衡，就跟他一起起灶制墨，他还出了点子改良墨灶，终于做出自己满意的作品。

古城笕篱这一代非遗传承人很有热情和想法，我们也合作一款作品，结果还需要微调，但有这样的机会，大家都很开心。

六、现代科技的加持

在今日制作文创商品，技术非常重要，我们必须了解文化创意不仅有文化元素和内涵，还要有创新，让文化创意商品展现时代性与实用性，才能让文化不断以新的魅力传承下去。

因此，除了一般文创商品以图案设计构思，也可以加入现代科技，这里要推荐一个非常有趣的文创商品：陕西历史博物馆《让文物活起来》4D 立体图册。

博物馆的文创商品这几年真是不断推陈出新，除了丝巾、书签、笔记本，还涉及手工香皂与灯饰，充满生活美学的文创小物，让日常多了份美感。陕西历史博物馆则另辟蹊径，以科技划分市场区隔，"让文物活起来 4D 立体图册"，是通过手机 App 欣赏文物立体效果的图册，用手触碰屏幕，还可以和古文物互动，非常有趣。

跳出传统平面图册欣赏文物的框架，让古文物如在眼前，对于读者是一种前所未有的视听体验，有导览，有影像，还能互动，并且重复欣赏聆听，相较于亲赴现场看展，显然有了更多重复欣赏的机会，在反复聆听之后，也增加了对古文物的了解与认知。

科技的应用，拉近了博物馆与一般民众的距离，跳脱时空的限制，我们可以上与古人游，体会古文物的优雅，而博物馆古文物复制品，则让我们能够在日常使用中，接近古人的生活美学。学生若对这有兴趣，可以往这个方向发展，毕竟，在一大片平面与立体的日常小物中，科技的应用，可以为商品增加特色，当然也为商品带来营销的竞争力。

但也不是所有的元素都是适合佐以科技元素，科技的发明在于带来生活上的便利，以上面所谈的立体图册而言，不必到陕西历史博物馆现场，就能看见古文物，而且还有详细的说明，实在比自己到现场看还方便。班上的学生多是来自福建省，笔者也想问问他们的想法，当笔者展示 4D 立体图册时，绝大多数的学生都觉得非常有趣，因为陕西离福建很远，4D 立体图册不仅解决了舟车劳顿的问题，也使文创项目有了新的发展途径。

文创商品的展示和示范在课堂中是相当重要的一环，范例说明不仅在于图片，更在于制作过程以及相关处理细节。制作前，还必须制作样本，一切无误后，才确认进入量产制作。

笔者在课堂上会花两节课时间介绍笔者之前的文创商品制作案例，用以协助学生对于文创商品策划时有完整的考虑，其中，笔者还会提供失败案例，让学生知道协同作业的重要性，明白各个流程所需的合理的时间，以及如何站在环保的立场，预估制作数量。

什么叫作合理的时间呢？

但凡制作物都有一定的流程，每个过程也都有基本的运作时间。例如，印刷纸本文宣，纸张在上印刷机之前，需要整纸和裁纸。在印刷前一定要进行晾纸处理，将纸张表面上的纸屑、纸粉、纸灰等清除干净。印刷前的机台也要清洗干净，不然，残留在机台上的油墨会影响之后的印刷效果；印完之后，油墨在纸上还没完全干，也必须静待，在需求时间紧急时，有些厂家也会用电风扇吹干。

总之，许多环节中技术上的知识，学生们都必须知道，以作为策划书制成时间规划的依据。详细时间也会因为天候干适度、印刷数量而受影响，这些都必须了解和向工厂师傅请教，避免闭门造车，不切实际。

什么叫作以环保的立场，又该如何预估制作数量呢？

以纸张而言，纸张来自木材，我们今天使用的纸张都是砍伐木材制成纸浆制作而成，在讲求环境保护的今日，减少树木砍伐是大家共同的责任，我们文创商品制作纸制品时，应该仔细预估实际需求数量，不要一次制作一大堆，然后摆在仓库销不出去，宁愿依照需求制作，待日后有需求时再做追加。

　　预估制作量的方法有几种，第一是通过需求单汇总（见表4-3）。

表 4-3　需求表单

表单建立时间　　　　　　　　　　　表单编号：

制作物名称		备注
商家名称		
商家地址		
需求数量		
预计销售时间		
放置地点		
送货地点		
联系电话		

　　但需求表单回报后的数量，必须经过评估，不是所有的商家都能适切地预估，评估的项目，像是每月销售额、每月来店人数等，也可以通过订购单评估数量。

　　总之，文创商品重视品质和创意，在时节和市场需求的考虑下制作，能为大众带来充满质感和美感的生活！

第五章
创意灵感

在文创策划这门课中，最令学生感兴趣，也最令学生头疼的就是"创意从哪里来"。要将创意转变成文字和图像，呈现在策划书上，当然需要方法和练习，本章将针对文创的创意构思的步骤和方法，提供范例说明，并通过"创意表单"，帮助学生厘清创意要素，以笔者自己多年在产业界的工作经验，使学生广泛了解文创在各领域的应用状况。接下来是"如何增进策划与创意能力"的建言，文创领域范围广泛，课堂上仅就小部分进行说明，不论是理论和实例，都需要学生以积极的态度举一反三。

课程中穿插个人案例分享，成功典范探析，商品包装、行销、通路介绍，希望学生在最后自己操作时得心应手。

一、创意构思的步骤

在创意课程中，学生碰到最多的问题，就是不知道创意要如何开始。事实上，绝大多数的创意都不可能平白产出，需要有扎实的基础、熟练的技巧，大多数的创意都是从传统元素中产生。那么，该从哪里找元素呢？让学生学会寻找创意构思的路径，是这门课最重要的部分。

走进文创领域面对的第一个挑战，就是如何从文化元素中产生自己的创意。一开始，学生不知如何产生创意灵感，这是正常的，主要原因包括：

（1）对文化了解不够深入、全面。（如：对闽南建筑文化的了解不足）

（2）对文化元素撷取不够精准，影响接下来的创意。（无法判断元素的最小单位）

（3）对文化元素构图上的困扰。（不会美工设计，不会绘画）

（4）无法展现文化创意的美感。（这需要个人长期去培养）

在历史悠久的中国，历朝历代的文物，莫不成为当今创意设计的元素，但把这些文化元素巧妙地转换，并不是一件容易的事。就像刚学做菜，一定不知如何下手，跟着师傅到菜市场看看有哪些菜，然后依据自己的能力、客户的喜好需求，在师傅的指导下，一步步完成一道菜。掌握做菜的技巧之后，同中求异，做出一道有自己特色的菜。

创意构思的路径：

（1）第一式：厘清目标，搜集资料，市场调查、创意构思。

（2）第二式：全球知名设计公司 IDEO 提出设计思考流程——了解使用者需求、定义问题，进而产生创意构思。

第一式的厘清目标，是指厘清文化元素。例如学生在天一总局参观时，对许多美丽的图案都感到好奇，在经过教师解说后，应该选择其中有兴趣的一样，例如一个花砖，一片花板，一副对联，一个石刻，作为文创构思的对象，要简单、完整、清楚，否则会增加处理的难度。

确认文化元素之后，就要深入而广泛地搜集资料，从"人事时地物"去了解该元素背后的文化意义。以红砖为例，红砖是闽南建筑的重元素，在材质上，来自当地的黏土；有当地知名的匠人；在工艺上，需要选土练土十多项工序；在形状上，有长条砖、瓦当、筒状、片状；在颜色上也有深浅浓淡的区别。这些资料搜集得越多，越能从其中找到适合创意的关键。

当然，文创商品最终要走进市场，到底自己的创意能不能被市场接受，也应该通过小型市场调查，听一听大众的意见。

第二式的了解使用者需求，主要是商业上的构思模式。使用者就是目标客户，为客户调整商品，就是以创意改变元素，以适合客户需求。例如原本是传统建筑中使用的红砖，如今想要走进现代建筑中，外形必须要更精致，材制要更细腻，因此，可以从制程中改善，让红砖品质提升，就像瓷器到了宋代更加精致的道理一样。宋瓷品质的精进，来自科技的进步，也来自北宋文人士大夫对于优质生活的追寻。

总之，在文创过程中，从文化元素产生创意灵感，应该有以下的认知：

- 从文化中撷取的文化元素越单一越好。
- 对文化元素了解越完整、越广泛越好。
- 能够自己掌控的部分越多越好。
- 文化创意来自传统，但文创商品却是应用于现代，因此，必须有创新的部分，否则就只是复制。

这些方法并不难，但师傅领进门，学习还是靠个人，唯有不断练习，才能熟能生巧。

二、创意构思的培养

在充分搜集资料后，通常学生多会有创意或想法，但创意并非一蹴而就，也需要日常的积累和培养。

在笔者的课堂中，学生搜集资料的态度都很好，有趣的是，在众多资料中，即使有不错的创意元素，学生也看不出来，或是没有把握，通常在笔者点出来之后，才恍然大悟。想要一眼找出创意亮点，产生创意灵感，需要学生平日的学习积累。

学生可以先针对自己的兴趣，拓展自己在某一领域的专业知识，例如有学生对开画展有兴趣，平时可以多关注美术馆与画廊的展览活动，与策展人交流，参加画展开幕式等。接下来，笔者根据创意灵感的培养方法，以当令与五感为指导，提出建议。

三、当令与五感

第一年授课时，笔者一开始是先上理论的。但发现理论中有许多五感的课题，结果课上到一半，还是回过头来跟学生一起训练五感的知觉。

"五感"，指的是视觉、听觉、触觉、嗅觉、味觉，它是由人体的五种感觉器官所衍生出的感觉，是我们接触外在世界的桥梁。当我们的感受越明显、越强烈，往往能有意料之外的感悟。诗人和艺术家往往就具有较强烈的感觉，加上他们深厚的学识与丰富的想象力，就能创作出令人耳目一新的作品。当我们面对这些美好的文学文化作品时，也必须要贴近作家的感受世界，也就是说，这时候我们需要五感来与之沟通。

想要启发学生的五感，就需要合适的时机来练习。笔者用的方法是利用当令的创作来启发。

举个例子，杜甫有一首诗叫《春夜喜雨》："好雨知时节，当春乃发生。随风潜入夜，润物细无声。野径云俱黑，江船火独明。晓看红湿处，花重锦官城。"这是一首描绘春夜雨景的诗作，是一首欣喜于春夜下雨的诗作。

中国以农立国，春天万物生长，也是农作物播种成长的节令，这时，若天该下雨却没下雨，田里的农作物无法得到充沛的雨量，生长就会受阻，甚至枯死，不仅影响农夫收入，也影响国家税收。因此，当雨水在当令的时节在夜里落下，诗人的欣喜不仅仅在于夜雨的浪漫，更在于"润物细无声"——雨水依照时令的变化，在该下雨的时刻落下，仿佛知道时节的变换，依约前来。雨水润物功德圆满，但它却悄然而来、悄然而去。

这种对雨水的感受，发生在学生身上，却可能大不相同。学生的回答多是下雨带来出行的不方便，相较于对雨水的观察、对四季变化的体会、对诗人情怀的感悟，显然有很大的距离。这种普遍的疏离感，让学生对外在事物感到陌生，于是，他们对于四时景物漠不关心，同时也无法走进诗人的内心世界，更不用说诗人的思维。同样的，它们也很难体会到文学文化中更深层的美感经验。要解决这样的瓶颈，我们首先要做的，就是打开我们的五感。

仍以《春夜喜雨》为例，上课这天，正好是初春，窗外也正下着小雨，所以笔者就在课堂上仔细分析了这一首诗，同时鼓励学生在课后回宿舍的路上，停下脚步听一听下雨的声音，闻一闻空气中雨的气味，让雨水打在自己的手上。总之，笔者要学生用五感感受一下春雨，感觉一下文字里的描写。

中国的文学文化是充满知性、感性和形象性的，如果不打开五感，光看表面是不行的。记得有一次，学生跟笔者谈到王安石的咏梅诗，在他的论文中，他把花梅和果梅混为一谈，当下笔者就知道他并没有闻过梅花的香味，所以才会犯这种错误（见图 5-1、图 5-2、图 5-3）。

图 5-1　梅花

图 5-2　蜡梅

图 5-3　红梅

　　当学生习惯用五感去感受创作，这些作品所呈现的，就不仅仅是文字所表露的知识，而是更深层的感动，一旦学会用五感推开感知的大门，我们的视野也就更宽、更广，知识也就能够被更灵活地运用。著名的建筑师贝聿铭博士，他所设计的知名建筑作品遍布全球，而且各有巧思，他曾经提到他所设计的 MIHO 美术馆，当他第一次受邀来到滋贺县信乐山 MIHO 美术馆址的预定地时，穿过垂樱步道，并通过深邃狭长的隧道和吊桥，他不禁惊叹，仿佛置身陶渊明《桃花源记》所描述的世外桃源。巧的是，吊桥下的小河流就叫桃花溪，而《桃花源记》里那句"仿佛若有光"，似乎也启发了贝聿铭，他便将光作为美术馆设计的关键（见图 5-4）。

图 5-4　贝聿铭建筑设计擅长运用光线，让走廊采光良好，同时随着光线的
　　　　移动，带来室内光线变化（高显莹摄于苏州博物馆内）

　　五感的敏锐度与娴熟度不可能一蹴可及，需要长时间积累，因为这与大家平常的生活习惯不同，需要常常练习。因此，除了课堂

上举例说明外，笔者还让学生在自己宿舍的书桌前养一盆小植物，每天浇水、观察，还用笔记写下自己的感想；在搭乘公交车时，不要玩手机，而是仔细观察车里的人，或是车窗外的风景，感受光线穿过树叶的情景，并且不断反问自己的感受，之后，再跟同学一起互动，彼此交换心得。这种方式只是练习的手段，目的是让大家养成用五感看世界的习惯，感受时间在一天、一月、一季的变化。跳脱以往只用眼睛看文字来领略外在事物的习惯，打开了五感，再谈文创，就比较容易了。

这种养眼、开眼、眼界大开的历程，是自我培养文创的历程，更是培养生活美学的路径。笔者时常鼓励学生多逛美术馆、博物馆，除了看展品，也要探究创作者的养成之路与作品表现的艺术价值。

若不能亲赴现场，也可以通过网络资料来了解展品，各博物馆的精美图册，也是获取展品信息的途径，2018 年，陕西历史博物馆更出版了国家宝藏系列图书——《让文物活起来》4D 立体图册，利用 AR 技术，让文物如赴眼前，免去舟车劳顿之苦。它的使用方法也很简单，只要先扫描二维码，下载并安装 App，打开 App 后，将摄像头对准书本上的文物，一件件仿若实品的古物，就会以三维立体方式呈现在眼前，可谓"全息立体视听、全方位立体阅读"，读者可以跟文物一起互动拍照，坐在家里就能逛博物馆，真是相当方便又有趣。

小知识：

形：物体的形态和形状，包括：方形、圆形、不规则形等一切形态和形状。

声：指声音，包括声音的高、低、长、短、噪音、悦音、风声、雨声等一切声音。可以是发出的声音，也可以是听见的声音。

闻：指嗅觉，如各种香味、各种臭味，以及青草香、蔬果的气味。

味：指味觉所感受到的味道，如苦、辣、酸、甜、咸等。

触：指触感，包括冷热、滑涩、软硬、痛痒等各种感受。

四、创意表单

文创商品在规划时，可以借由表单协助，如表 5-1 所示。

表 5-1　文创策划构思单

文创策划构思单	
项　　目	说　明
主要元素	
元素意象	
创意理念	
设计图稿	
作品规格（材质、大小、颜色、包装、数量……）	
制作费用（经费预估）	
其他（通路、放置方法）	

上面的文创策划构思单，每一个栏位都是为了厘清制作物，让自己清楚，也让相关的协同单位清楚。学生可以在课堂上以故宫文创或自己喜欢的一项文创商品练习填写。这是笔者在职场上最常用来思考、沟通的表单，学生若要熟用这张表，需要多加练习。

五、创意范例

台北故宫博物院两千多项文创商品，全年营业额超过 7 亿新台币（约为人民币 1 亿 6000 万元），从中华文化衍生出的文创产业，带起一股风潮。其推出的"朕知道了"纸胶带，短短 3 个月卖出 4 万多组，销售额 850 万，甚至一度缺货。这款文创商品最初是台北故宫博物院前院长冯明珠在 2005 年策划"知道了：朱批奏折展"时构思出来的。

冯明珠是历史学家，乍看之下，根本不可能涉足文创，但学者深厚的文化底蕴，使其不鸣则已，一鸣惊人。相较之前的复制品，"朕知道了"纸胶带显然更有意义。探究其原因，一是文创需要文化底蕴的根基；二是华人对中华文化商品的认同感。

1. 工匠与艺术家的完美结合

丹麦银器设计品牌"乔治杰生"（Georg Jensen）在全球设计领域上占有一席之地，作品中有不少成为业界经典，被人一再提及。第一次看见乔治杰生的产品，笔者便觉得简洁大气，视觉效果很强，虽然强调百分百手工制作，作品却相当工整，这让笔者心中有些疑惑，直到有一次访谈"乔治杰生"的设计师，笔者才了解到一个简单作品背后有十多道繁复工序，一个银饰设计师至少要有十年的培养训练期，还要上美学课程。

这位设计师非常用心地跟笔者解释几款取材自丹麦生活环境中植物形态的设计意义，有点像中国对于各种花卉代表意义的转换。然而，最让人印象深刻的一席话，是她提到的"无论是哪一件作品，出厂前最重要的是最后阶段的品控流程，如果品控没过，东西设计得再好都不会拿出去卖给消费者"。她提到"品控"两个字，表情甚为严肃，笔者好奇地追问什么是"乔治杰生"品控的项目，这位设计师随手拿起身边一件薇薇安朵兰（Vivianna Torun）设计的作品——手镯腕表，对着窗外投射进来的阳光，高举示意几种角度。她说，乔治杰生品牌的精神在于创始者认为"银雕工艺不应该跟随潮流，而是要创造时尚"，银的光辉，就像丹麦初夏时皎洁的月光，这个光线在作品上流动的美感，正是我们要表现的，设计师设计作品时，也会把这个光线流动的美感设计进来。因此，最后品控人员除了检查银饰的品质，也要确认设计师对于光线流动的理念是否落实在作品中。

美感是从细节中打造的，这个银饰的设计让笔者想起另一位在苏州开业的优秀女设计师。她将生活记忆中传统的银饰，打造成现代的时尚饰品，让人重新认识、喜爱这些拥有中华文化符号的美。

中国人对银饰是不陌生的。古代画册中，银饰为美女增添妩媚；

诗词中更少不了银饰的步摇生姿；孩子出生满月时，父母会为其打双银手镯；女儿出嫁时，陪嫁里也少不了银饰。笔者第一次对银饰着迷，是一枝银簪子，采用"起花"的高手艺，在一个薄银片的平面上，把牡丹花变成了立体图形。还有山西厚实的镯子，连细小的鱼子图案也是十分到位，绝不马虎。直到今天，笔者在学校还发现不少来自泉州的女学生有戴银手镯的习惯。现在人要求时效，昔日那种繁复的雕花已经不复存在，老银饰虽然漂亮，但已经过时，穿戴服饰搭配不易。但一位苏州姑娘戏子慧心巧手，把老物件改造成新饰品，让许多人眼前为之一亮。

为了亲眼看见这些作品，笔者特地到苏州拜访她。她是学建筑出身，因为对这些银饰有深深的情感，就果断地转行。靠着建筑美学的基础，把旧的珠宝饰品重新设计，时尚者有之，雅致者有之，特别是一些残缺的老件，在她的设计创意下，有了令人动容的美，跨越时光，老银饰换上优雅的新容颜，在另一个时空继续耀眼。

如今，这间叫作"衣锦媚行"的铺子，已经不只是苏州的一间老银饰珠宝坊，她在上海举行时尚秀，到纽约展览，再次展现老银饰穿越时光的魅力，这种时光在银饰上流转的美，是属于中国美的创意（见图 5-5）。

图 5-5　以宋李嵩《花篮》为灵感，设计出这一款花篮胸针吊坠
（图片来源：衣锦媚行官网）

在台北也有一位醉心于中式珠宝的设计师——龚遵慈，她毕业于中文系，跟笔者有同样的学识背景与喜好，但她的行动力与坚持却是一般人所不及的。龚遵慈自己动手，从画草图到制作样样都来，原因无他，因为她的设计金工做不出来，她要求珠宝要像她画的设计图，但珠宝是硬邦邦的东西，很多形状金工无法做到，龚遵慈干脆自己来，结果走出一条自己的路。

这些品牌都有自己的想法和坚持，在工匠与艺术家的坚持下，终于让这些文创商品在市场上展现创意与设计的价值。

2. 个人经历分享

文化创意过程很繁复，要注意的地方也很多。从一个人做文创商品到小公司、大企业、社区文创，都有不同的处理方式与需要沟通的协同单位。所以，文创策划也不是按表操作就行了，在笔者的职场经验中，有许多案例值得学生参考，当然，也包括失败案例。

为了让学生有更广泛的了解，知道文化创意的策划不是一个人关起门来就能独立完成，笔者把之前在职场的经验以教案的形式在课堂上说明。

笔者曾在台湾大哥大电信公司营销部门工作。电信公司的营销与一般公司不同，一般产业营销部门包含产品策划，电信公司在营销单位把产品与宣传分开，电信服务产品的规划牵涉很广，产品经理负责各项电信服务的规划，需要与网络管理、工程单位沟通协调。宣传单则负责为电信服务提供宣传，包括商品说明、网站宣传文案、店面文宣安排布置、经销商与加盟店的商品宣传等，笔者常笑着跟别人介绍自己的工作内容，除了电视广告，几乎都是我们这个单位负责。工作内容就是策划和执行，以文字为主，每一项工作都像做一件文创一般。所以，学生们学好这门课，日后的发展也可以有更多选择（见图5-6）。

图 5-6　笔者在电信公司工作时，制作各式各样的文宣品

其次是政府标案。

政府有许多外包项目需要竞标。竞标时，就是依照政府单位提供的基本资料和服务需求，去做策划构思，这份策划内容需要比较完整的计划与执行力。学生可以在有一段工作经验后，再思考这一类型的工作，也可以一开始先担任协助角色，认真学习。

笔者认为政府标案的意义，在于对城市进步的参与。我们都是城市的一分子，城市的进步我们与有荣焉，为城市政策做宣传，可以让大家共同营造一个美好的居住环境，提升城市竞争的软实力。

抱着这样的态度，笔者也参与过几次政府标案，并且获得执行的机会。其中一个是台北市政府都市更新处的都市更新征选活动。都市更新是所有城市的共同课题，一个有历史年代的城市，难免会有老旧的房子，这些超龄建筑，有的年久失修、水管破裂，影响建筑品质与安全；有的外观破败，影响都市景观。这些问题都等待通过更新来解决。更新的意义有两种，一是对于建筑没有安全疑虑的房子，可以整修翻新；二是建筑整体有安全疑虑，希望通过改建解决问题。为了推广这样的思路，台北市政府都市更新处针对更新建筑物或公共空间，开展竞赛活动，主要还是借由奖励优秀案例，鼓励大家自主更新维修老旧建筑。

活动主题是"都市变脸"，意即为城市打造一张美丽的景观。活动分为下列几个阶段：

第一阶段：文宣制作、搜集更新建筑名单。

第二阶段：活动宣传、发布新闻稿、刊登广告、拜访更新业主并邀请其参加活动。

第三阶段：活动评选（邀请专家实地会勘）。

第四阶段：颁奖、出得奖专辑。

另一个笔者很喜欢的活动是外籍配偶征文比赛，活动策划包括活动主题、活动流程、活动形象主视觉、宣传方式、评审方式、颁奖典礼、经费预估。

为了关怀远嫁到台北市的外籍媳妇，分享她们的生活点滴，台北市政府社会处特别针对这群远道而来的人群，举办了这场征文比赛。

这类群体因为有生活适应上的需求，台北市在各区都提供相关免费课程，包括生活习惯、语言、习俗等，因此，宣传就聚集在她们上课的场所。

活动最大的挑战，当然是参加人数，为了鼓励目标群参加活动，我们也准备了小礼物，只要投稿，都可以获得一张国际电话卡。这个赠品对参赛者而言是一份非常贴心且实用的礼物。活动消息一出，报名参加者非常踊跃。

3. 学生案例

文创策划涵盖面广，课程重理论也重实务和操作。学生在进入大学前，许多知识都是在课本范围内，只是死记硬背，不去探究个中内涵或来源，甚至没时间广泛阅读。进大学后，学生需要拓展自己的学习领域和改善学习方法。例如，谈到文化，你不能只在书本里找，而应在课余时间亲访文化，你会发现眼中所见，将会比课本更加精彩。

笔者在闽南师范大学教书，同时也研究林语堂的文章。在漳州有林语堂故居，学校也有林语堂研究的社团。笔者就在假日带着学生到漳州天宝林语堂故居参观，这座中西兼容的故居是林语堂亲自设计的。四合院天井与罗马柱相当和谐地交融在一起，展现出林语堂做学问融贯中西的特质。进门沿着回廊走，第一间是书房，书架上陈列的书，可以让我们了解他做学问的思路脉络。接下来是他的房间，再来是他夫人的房间，最后是大餐厅。大大的餐桌正展现了林语堂的好客，而中庭的竹子与池里的游鱼，又展现了他的生活喜好。

学生们在参观故居之前，仅能就林语堂的文章认识其人。但来到故居就不一样了，这是他生活的场所，有他生活的哲理，他的思维流露在日常点点滴滴，让我们可以更深入地体会他文章中的意趣。

笔者在《林语堂充满理趣的文章》中这样写道：

走进林语堂位在台北阳明山上的故居，一片园林中的住所，典雅而清幽，而故居不远处，几片田地上正种着时蔬，归园田居之乐近在咫尺，不禁让人想到他在《吾国与吾民》第一章，对于农村生活的赞赏，他说："乡村典型的生活，常被视为最理想的优美生活，农村的理想表现于艺术哲学及生活者，如此深植于一般中国人之意识中，应亦为今日民族健康之一大因素。中国生活典型之创始者能于原始的生活习惯与文明二者之间维持一平衡，其手段岂非巧妙？岂非此健全的本能，导使中国人崇尚农耕文明而厌恶机械技巧，并采取一种单纯的生活？岂非此健全的本能，发明人生的愉快而能使不致劳形役性，因而在绘画中，文学中，一代一代地宣扬着'归田'思想。因为越接近自然，越能保持体格上与道德上之健康状态。"

这段话，不仅表达了向往自然、追求农村田园生活的深刻内涵，也点出中国园林建筑不仅在于空间的美感。也在于营造一个亲近自然的环境，对于每个人身体与心理保持健康的重要性，当然，他的见解也帮助我们在欣赏李公麟《山庄图》这一类描述中国古代官员退休生活的绘画时，有了意在丹青之外的体悟，以及在今日实践青山绿水的生态富足，有了自然与人的美好生活产生紧密连接的体悟。如果没有到过林语堂故居，很难体会他文章中的主旨。

学生参观过林语堂故居，了解林语堂的生活点滴，发现林语堂喜欢喝福建茶，于是有学生以此设计一款"语堂茶"，以福建茶为产品，以林语堂的公仔版设计为形象，设计内容如图 5-7 ~ 图 5-10 所示。

项目	林语堂款茶包
品相	填充约3*4cm，人像，白卡（铜板）纸质，正面林语堂喝茶简笔画，反面林语堂语录
价钱	10元
数量	8包
风格	俏皮有趣
元素	林语堂，茶，茶包，茶协，文学院，茶与文化
设计概念	鼓励师生喝茶养生，在茶包上体现文学院特色：院研究课程的人物林语堂，院内云水茶艺协会，以及林语堂与茶的交往
呈现方式	茶包挂纸

图 5-7　"语堂茶"策划

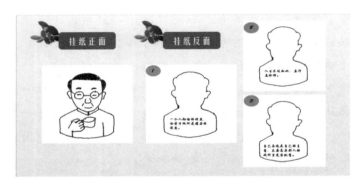

图 5-8　"语堂茶"挂纸设计

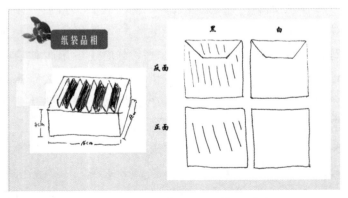

图 5-9　"语堂茶"纸袋设计

图 5-10　"语堂茶"纸盒设计

　　一般人印象中的林语堂喜欢喝咖啡、抽烟斗，其实他也爱喝福建茶。林语堂是福建漳州人，福建是产茶名区。北宋蔡襄曾在福州为官，因监制御茶园而改良了大龙团茶为小龙团茶，为宋代茶叶精品。还有一般人知道的"大红袍"和"茉莉花茶"。当林语堂在海外时，因为关心父老生计而推广福建茶，也会在朋友聚会中以茶会友。

　　现在，福建茶的样式多了，漳州老茶厂没有精美的包装，也没有华丽的推广，只是默默以老茶人制茶技艺传承。

　　文创是要传承文化、创新文化，让文化融入当代。但传承不是一成不变的，文创是文化创新，除了有新的想法，还必须和生活结合在一起。换句话说，是要在传统文化的丰厚基础上，融入现代，展望未来。

　　策划项目除了商品本身，还需要规划包装，也就是要让商品以一个美观的外形交到消费者的手中。

　　今天，包装除了考虑设计美观，也需要考虑环保。

　　相信大家都有购买经验，从最外面的纸袋，一直到商品，中间有层层包装，在打开商品的刹那，包装成了废弃物，非常浪费和可惜。能不能从环保及美观的角度设计包装，是需要我们一起创意构思的。后面章节有专门谈到包装。

六、参加比赛，增强创意能力

文化创意涉及的范围很广，中文系学生如何提高策划与创意能力，笔者的建议是：

（1）打好自己文学文化的基础。

（2）增加美学修养，如绘画、音乐等。

（3）积累相关技能，如摄影、Photoshop、网页设计、撰稿等。

（4）选择自己熟悉、喜爱的领域。

（5）了解整个产业流程。

（6）用心体会，创造需求。

（7）遵守法律法规，尊重知识产权。

（8）倾听别人的故事，扩大自己的生活经验。

（9）参加国际文创设计比赛，增加经验与实力。

在文化大国中，生活里处处有文创元素。以闽南师范大学所处的漳州为例，附近的古城里，就有宋代遗迹、百年闽式建筑。以闽式建筑中最主要的红砖为例，红砖是闽南建筑中的主要特色，一看见红砖，就能联想到闽南文化，而红砖在闽南建筑中，除了是建筑结构中的一部分，也担任起装饰性结构的角色，例如红砖搭起的窗花（见图 5-11）。

图 5-11　闽南建筑中常见的镂空红砖，中间是四瓣的柿蒂，取其音，表示"事事如意"，四边像蝙蝠的图案，寓意"福气"

利用红砖镂空设计的形状，巧妙取代墙上四四方方的窗户，具有美观、通风、除湿的功能，实在智慧巧妙。我们取红砖的图案以及红砖的特性，可以做成杯垫、壶承，都是不错的古物新用的方式。台湾的三和瓦窑针对红砖推出许多不错的文创商品。例如，狮子名片座、牡丹花肥皂盒、双喜红砖杯垫、吉祥花砖挂件，都是红砖老厝里的元素。

闽南建筑中有不少红砖老厝，烧红砖的窑场随着新式营造方法兴起而式微，但有的也在逆境中寻求新机，这间位于高雄大树地区的三和瓦窑有百年历史，面对传统红瓦渐渐淡出营建市场之际，决定改变经营形态，以观光工厂和文创商品，延续文化记忆。我们身处在闽南建筑群中，也可以通过文创，让闽南红砖文化重生。

为了让学生有练习机会，笔者除了带学生到古城参观闽式建筑，介绍各式红砖，也以作业方式，让学生深入闽式建筑与红砖文化。

作业内容：

（1）以漳州古城一闽式建筑为题，找出该建筑中的文化元素及其文化内涵。

（2）以红砖为文创商品设计主题，思考"制作项目""主要元素""设计概念"。

在介绍完理论后，课程进入实际操作。一方面，学生们以笔者设定的题目，作为创意构思的目标；另一方面，笔者也倡导学生们自定主题。

本学期主题一共有四个方面，第一个方面是以闽南师范学院文学院为设计主题；第二个方面是以林语堂故居为主题；第三个方面是闽南文化；第四个方面是一位学生以家乡的香文化产业为主题。

闽南师范大学文学院是学生们的生活学习场所，笔者的学生是文学院三年级的学生，在这个地方生活了三年，应该对这里很熟悉，但是，当笔者询问学生：文学院有哪些特色？学生们却是相视而笑，答不出来。

笔者的解决方法，是让学生到现场考察。

笔者建议学生从自己熟悉的范围中找寻。所谓熟悉，换句话说就是自己有兴趣的，或是自己关心的项目。笔者课堂中有一位家住泉州的学生，想要以"香"为主题进行文创策划。

她的想法是：香是海上丝绸之路的重要商品，而海上丝绸之路的起点位于闽南的泉州。泉州曾是中国香料的主要进口港，由于历史与文化因素的影响，闽南地区的香数量大、种类多，有着悠久而丰富的内涵，她觉得与文学院关系最密切的，应是闽南地区的文人香。

在多次试闻并且以文学院学生做了市场调查后，她决定主要以乌沉香、檀香为原料制作合香，在包装正面印有学校校徽、商标及产品名称；在其左侧面，利用竖排版印有产品的原料及介绍；在其右侧面印有学校及文学院的介绍（见图5-12）。

图 5-12   学生学习篆香

作为在校学生，从事文创资源有限，除了善用学校设备，近几年学校也推出各种文创竞赛，提供奖金，学生可以先从学校项目做起。

作为文创课程教师，笔者鼓励学生多多参与类似活动，例如高校的"大学生创新创业训练计划项目"。这项由福建省所举办的竞赛项目，笔者已经连续两年辅导学生参加，学生在密集的训练以及实质的主题操作中，可以很扎实地了解文创的意义与操作方法。这个竞赛提供的奖金，可以解决学生在调研、制作文创等方面的支出，让学生实际操作，教师也可以在辅导中了解学生所欠缺的技能与知识，给予其辅导。另一个笔者辅导学生参加的"互联网+"比赛，属于全国性比赛，学生有机会到其他高校参访、观摩，了解高校生在毕业前后，从构想到落实再到商业化，中间所经历的挑战与解决方案。还有专家学者的点评和指导建议，对于学生来说，是相当难得的学习机会。

在辅导过程中，笔者觉得最大的成就，在于教学生开阔视野。闽南师范大学位于漳州老城旁边，唐宋建城后虽经历代修改，附近仍保留宋代修筑的河道（东宋河、西宋河）、桥梁（中山桥）、建筑（文庙），也有唐宋以来就有的传统手工艺（竹编），这些对于文学院的学生堪称是活教材，是触及历史文化的媒介。但笔者上课问学生有关古城的事情，有绝大多数学生没去过古城，问及原因，学生回答，主要是因为古城破旧，没什么好玩的。是的，古城没什么现代娱乐，但古城里有的是历史文化，有的是传统工艺，如果学生们在求学的四年里错过这些资源，无疑是种遗憾（见图 5-13）

图 5-13　建于北宋的漳州文庙、建于明代的牌坊，
都是漳州古城里的文化元素

于是，在笔者授课过程中，除了文创，还包括中国古代文学、新闻写作、传记写作、国学典籍导读、中国文化概论等，笔者会布置一次古城游览的作业，希望学生不要只待在学校，只在书本里求知识。创意需要与现实生活触碰，古城不仅是生活的，更是文化的，这在那位来自河南漯水的学生身上有很大的证明。这位学生的父亲喜欢旅游，平常就带着这个学生到处游览，加上河南是文化古地，历史文化

之丰富，更毋庸赘言。她所见所闻也就日积月累，她之所以在没有文创教学的院系里对文创产生兴趣，都是因为平日积累的文学文化经验。这些经验是日常的，是她成长记忆中的一部分，她很熟悉，也很喜爱，更重要的是她也很关心这些文学文化的未来。

笔者在授课时常常提醒学生，文化其实很日常，所以必须要生活化，文化不仅是知识，要生活在文化里，比如茶文化。福建是茶叶的重要产地，大街小巷都有卖茶的。我们文学院也开展茶文化学习，但只了解茶知识远远不够，要会泡茶才行，因为茶文化是生活文化，有茶的品尝、茶器美学，也有喝茶时的礼仪。我们学院设置了茶室，不仅是为了教授茶艺课，也是为了让学生真正懂茶。

在漳州，人与人相见，就会先招招手说："来喝茶。"茶是人与人交往的媒介，很亲切，也很健康，如此普遍的社交礼仪，自然可以发展出一套漳州式的茶席美学。

创意构思在不同时代、不同环境与资源下，有不同创意发展内容和方向。学生在求学期间，可以多听听、多看看，关心生活周遭的人和事物。因为，创意总离不开社会与生活，将理想与社会相结合并融入文化，让文创实现自己的梦想，也造福社会人群。

第六章
文创策划

　　策划是一个充满逻辑思维的过程，要有步骤和方法。除了厘清手头上的资料，更需要参考市场、预测未来，过程充满挑战和变数，触及的知识和理论也非常广泛，必须通过系统性的分析，寻求市场商机。

　　当然，坊间也有不少书籍可供参考和学习，但在如此众多的书籍中，本书有何值得阅读的特点呢？

　　这个问题其实也是笔者在接下这门课时所想的。谈文化创意已经不是新鲜事，市场上也出现不少叫好又叫座的作品，但笔者所面对的这群学生是完全不懂文创的，如何手把手地教会他们，对笔者其实才是更大的挑战。

　　学生是中文系的大一新生，对中国历史文化的认知和了解，其实跟非中文系的新生差不多，甚至和法律系或化学系的新生也差不多。（笔者在公开课中教过这两系学生，为了了解各系新生对中国文化的了解，特别在公开课中对这些非中文系学生提出课堂测试，结果发现大家对中国文化的了解深度和差异，多来自学生个人对于文学文化的兴趣，而非科系上的差别，有些学生更在课后向笔者提出课程延伸阅读教材。换句话说，未来专业训练虽然可以培养中文系学生成为专业人才，但非中文系的学生也有机会依照自己的兴趣深耕，在中国文学文化的领域中发展。）其实，目前许多大学中文系都往应用型发展，学中文的学生，毕业后除了从事编辑、教师、编剧、作家这些工作，近几年也在其他领域发光发热。

　　笔者在中文系硕士毕业后，就在电信业担任营销的工作，看似跨行，但实际上的工作内容既不脱离文字，又需要在工作过程中学习和应用营销的知识。所以，养成一辈子的自学态度很重要，学习课堂以外的知识、技能，这种跨领域学习的心态，会帮助我们在有兴趣的领域里找到工作。

这个章节内容，主要是针对策划的方法进行说明，佐以实际案例，让学生可以边看边学，同时完成作业。

谈文化创意首先应了解文创策划的基本步骤：

问题意识、搜集资料、整理资料、归纳资料、组织分析、找出创意点、进行创意构思、以创意表单使创意内容具体化、设计草图、撰写文创策划书。

● 　问题意识：

问题意识在许多地方都被应用到，如课堂上教师对学生提问；研究学问时自我发现不了解之处；或是在公司企业经营时，发现问题寻求解决。这些都是问题意识，在做文创时，必须要先有问题意识，才能提供需求，解决问题，例如文学院目前没有专属纪念品，每次专家学者到访，都无法提供一份有特色的礼物。而文学院课程中有文创课，因此可由学生在课堂上创意构思，制作一款能代表文学院的文创商品。

发现需求是文创的第一步，如果没有需求，就无法有预期达到的目的。因此，发现"为什么"的问题意识是很重要的，为什么我们没有？为什么不可以更简单一些？当心中有很多"为什么"时，还可以问问其他同学，如果你的问题意识获得共鸣，你就可以开始走下一步了。

● 　搜集资料：

有了想法，还要有做法，做法的第一步就是搜集资料，用资料支持想法。可以通过网络，搜集大量素材，也可以从数码博物馆取得授权高清图片，大量而完整地进行搜集。

● 　整理资料：

海量的资料必须去芜存菁，通过脉络分析和视觉化，有效掌握资讯的脉络和面貌。单一资料是无法产生意义的，学生千万不能仅凭一个想法或一条资料，就想要进行文创构思，这样是不具备说服力的。

● 归纳资料：

通过图文整理、组织分析，让资料来说话，学生们多半在此会发现亮点，找出创意点，进行创意构思，并且落实在创意表单上。填写创意表单有很多好处，主要是帮助学生进行逻辑性思考，让文创可以有系统地发展。

● 设计草图：

设计草图是文创策划者在与他人沟通时所需要的，它让创意可以视觉化，同时也让策划者通过设计草图，审视自己是否还有没考虑到的地方。

● 撰写文创策划书：

当之前的步骤都做到位之后，策划书也就水到渠成。策划书内容可大可小，以说明清楚为主。

接下来的篇章会有更多的介绍与范例说明。

一、谁是目标群

目标群是指营销对象。东西要卖给谁，对象要清楚。星巴克虽然每天门庭若市，但习惯喝茶的老先生老太太一般不会去；漳州人虽然从早到晚茶不离手，但一般很少走进茶艺店。大家的消费，绝对是有目的性的。最终促使一个人愿意付费，总会有原因，而付费的人也一定有他的特点。

笔者曾经在一场 5 人茶会做过实验：笔者带了 5 款茶，当场泡给大家喝，结果大家选择各异，下决定的原因很多，包括包装、茶叶形状、茶叶味道、茶汤颜色、茶的口感、茶叶的价位、是否经过农残的检查，而喝茶的场所、茶具，也都列入考虑。那么，当我们在做茶文化相关创意时，就不能单单只思考几个问题。

市场调查所涵盖的范围可大可小，学生在学校学习文创，可以先以学校为范围，而首先要厘清的，就是营销的目标对象。

第一次交作业的学生，几乎所有人的目标对象都是全校师生。在学生眼中，大家好像都会成为他的消费者，实则不然。全校师生可以粗分为：男性、女性；教工职员、学生，还可按年龄大小、薪资收入高低以及是否结婚、有无子女等方面来分类。一位学生针对文学院来访贵宾，提出作为礼物的文创商品，却在目标（使用者）栏位只填了"来访贵宾"，是相当模糊的概念，这会影响之后的设计方向。

学生应向文学院搜集近两年来访贵宾的资料，学院有无礼品制作经费，使文创商品更接近文学院馈赠需求。

二、搜集资料

在经济富裕、社会安定后，人们希望获得更深层的富足，因此有了文化活动。而促成这些文化活动的元素，其实还是来自生活，其中的意义也与历史有关，只是人们在经营这一个层面时，让日常和历史产生了关联并且有了更深层的内涵。文化绝不是凭空产生，学生在以文化元素为设计对象时，必须先清楚这个概念，不要只在元素的外形上打转。

资料搜集方法很多，除了图书文献，现场采访是普遍用到的方法。在采访之前，为了使受访者可以清楚知道采访内容，清楚提供资料，通常会先提供采访大纲。

什么是采访大纲？
- 它是一份清楚陈述该次采访的规划。
- 是采访前联系、确认的表单。
- 让受访者了解采访的题目，可以事前准备。
- 向受访者提出相关协助，如：数据资料、照片……

采访大纲的目的为何？
- 让受访者可以清楚知道并且准备该次受访。
- 确认在采访时间、地点上的安排是否恰当。
- 采访形式是否可接受电访、面访。

● 确认采访题目是否恰当。

● 可以在访前确认是否资料有所遗漏。

采访提纲如图 6-1 所示。

采访提纲

采访目的	
采访时间	
采访地点	
采访对象	
采访工具	
采访问题	对象A 问题：…… 对象B 问题：…… 对象C 问题：…… （以此类推）

图 6-1　采访提纲

采访资料及写作能力培养方法：

（1）培养丰富知识：应广泛涉猎各种常识，以求在撰写新闻稿时能快速下笔。特别是在采访前的资料搜集。

（2）加强语文能力：如此在写文稿时才不会老是重复相同的文字。所以一定要多花时间阅读，才能增强用字遣词的能力。用字典雅适切。

（3）加强专业知识：描写要深入，在自己的专业领域上要倍加用功，以便写出一篇好的报道，更能令读者折服。

（4）养成常写的习惯：熟能生巧，要常加练习、撰写，争取做到提笔就能写出一篇好采访稿。

（5）多读、多谈、多想：让自己有更多的新闻资讯来源，也让自己具有组织新闻内容的能力。

（6）常搜集资料：日常搜集一些对自己日后撰写采访稿有帮助的资料，以免要提供资料时手忙脚乱。

学生整理完搜集来的资料后撰写文稿时，也有容易犯的错误，包括被受访者导引采访方向；缺乏查证；写错字；用词不当；常识不足；用错照片；描述事件逻辑上的错误。这些问题只要通过提醒，学生大多能避开或改正。

还有一件事情要提醒，那就是每位学生决定题目前，应该在全班做一次调查，避免自己的题目与其他学生重复。

搜集资料进行文化创意，可以分为两个线路，第一个是历史文化元素，第二个是生活元素。

历史文化元素是有形的，与我们的知识背景相关，比较好说明、易了解，在经过资料搜集和研判，笔者以天一总局为例，说明学生进行文化创意的步骤和方法。

漳州治理起自唐代，是历史名城。因此，漳州附近有许多古村落和古建筑，例如漳州古城、文庙、三世宰二牌坊、天一总局、林氏义庄、南净土楼等，都是值得学生学习和实践这一门课程的地方。其中，笔者以国家重点保护单位"天一总局"为示范对象，一方面因为建筑物本身具有百年历史，是中国第一家民间邮局，具有时代意义，有许多当地故事；另一方面，建筑本身文化元素数量非常多，清华大学建筑学院副院长吕舟，同时也是中国建筑学会建筑史学分会理事、学术委员，中国古迹遗址保护协会（ICOMOS CHINA）副主席，国际文化财产保护及修复中心（ICCROM）理事，国家一级注册建筑师，在他的《文化遗产保护100》中将天一总局列为近现代16个重要建筑遗产之一，有专家学者背书，相信更值得学生进行调研，认识和发现其中可以形成文本课程的元素。

在漳州进行"天一总局"资料搜集前，教师需要先自己准备好资料，向学生说明介绍，然后一步步引导。

步骤如表 6-1 所示：

表 6-1　教师授课流程

步骤	项目	内容说明	目的或结果
1	教师资料搜集	以漳州附近文史建筑、文学家、非物质遗产、特色农产等为对象	搜集项目至少 5 项
2	教师资料判断	1. 历史价值。 2. 文化元素项目与数量。 3. 与本课程相关程度	从 5 项中选择其中 1 项作为课题对象，经过资料评估，本次以"天一总局"为课题主题
3	教师介绍	介绍"天一总局"历史。说明天一总局村落边界。历史建筑物信息。"天一总局"目前研究资料与范围相关参考资料	使学生了解建筑物所处时间与空间的整体概念
4	教师提供资料搜集的题目	针对建筑物内与村落内可以进一步搜集资料的题目、范围、方向进行说明	先提供若干题目、范围、方向
5	学生分组搜集资料	学生针对自己有兴趣的题目组成小组，每组 5 人左右	全班分组。建立分组名单。建立分工搜集资料项目
6	学生开始搜集资料	各组针对分组项目进行广泛资料搜集	包括图文视频资料
7	各组学生报告	说明资料搜集状况：每位学生应该在这个阶段找出自己可能发展出的题目方向	教师评估资料的可继续性，必要时可以转换题目
8	每位学生提出自己的题目，提出报告	报告内容：题目；选择此一题目的缘由说明；有哪些资料；欠缺那些资料	教师必须判断学生的题目是否可以发展下去

　　天一总局在今日的漳州市角美镇流传村，笔者通过下面几种方式让学生先对这个主题有初步的认识：

　　（1）利用网络地图，标示天一总局的地理位置。

（2）搜集网络上相关图片、视频、航拍记录。（关键词：天一总局）

（3）学校图书馆闽南文化特藏。

（4）书籍、期刊论文搜集到的相关资讯。

接下来以天一总局的故事作为课堂主题。

天一总局位于漳州市九龙江边，距离闽南师范大学约有一个小时的车程。一百多年前，这里曾经门庭若市，许多当地父老靠着天一总局，收到亲人从南洋寄回的书信与银圆，天一总局堪称是这些乡亲父老经济与精神上的最大支持。在今天电子邮件如此便捷的时代，笔者需要进行一番解释，才能带学生进入那个时空（见表6-2）。

天一总局是中国第一间民间邮局，在当时具有时代意义，而创办人郭有品与他的儿子郭用中诚信经营，不仅致富有道，还设立义塾、回馈乡里，其建筑聚落也兼容中西、典雅精致。如今，虽然天一总局早已不再营运，建筑却成为国家级重点保护单位，它兼容中西的建筑面貌、扎实细腻的建筑工法，雕刻与构件充满传统文化内涵，即使在今天处处显露凋敝的模样，人们依旧能在砖瓦青石间，感受其曾经的美丽与辉煌，通过照片、视频、航拍，学生可以对这栋建筑有概念性的了解。

接下来是天一总局历史介绍。

本节课以天一总局的建筑、人物为题，大家面对全新的主题，全班从无到有，产出自己的作品，是一次比较完整的学习课程。在这一过程中，学生可以相互讨论、彼此交换想法、一起分工搜集资料，是一次非常好的学习之旅，同时，天一总局就位于漳州，是学生们生活的地域，通过这次课程，学生认识当地历史文化，为历史补遗，是非常好的学习方式。

课程搭配网络上天一总局的航拍与央视的采访介绍，带着学生了解天一总局的现况，并且利用地图，解释天一总局与闽南师范大学的相对地理位置，引导大家通过九龙江、厦门、南洋的航运图，说明天一总局在1880年的营运版图。笔者简单介绍了故事主角，也就是天一总局的创办人郭有品，以及天一总局在1928年停止营运的结果。

2018年4月26日，笔者带着第一批课程学生走进漳州"天一总局"进行调研，许多之前搜集的资料，都在一踏进大厝的那一刻被抛诸脑后。这栋建筑比照片上的要美太多了！在空间与时间的定格中，笔者和学生们都跟这栋建筑在这一刻擦出了相见恨晚的火花！

表 6-2　学生本次预计撰写的题目方向

编号	题目方向	说明
1	建筑	整体建筑群， 单一建筑
2	人物	经营者：郭有品、郭用中。 郭家后代、昔日天一总局员工后代。 族谱
3	建筑构件	浮雕瓷砖、花砖、雕刻。 制表（全部物件、位置）、图说（基本状态描述）、尺寸、文化内涵（代表意义，例如，葡萄代表多子多孙）。 雕刻工法
4	空间	百果园
5	祖先祭祀	宗祠祭拜
6	重要文献	侨批、电汇单等
7	艺术	门联、楹联、墨画、家训
8	其他	青石砖
9	根据网络图片，为天一总局找回原貌	目前许多建筑的构建都不见了，原来到底长怎样，不妨从网络找图片帮忙复原，网络上有许多照片，可以从中找到昔日记录
10	天一总局聚落图（整体）	制图（平面）
11	天一总局职工资料	职务类别：制表、说明
12	建筑构件：花片	统计表：尺寸、工法、题目、所在位置。 雕刻方法：透雕、镂雕、三层雕…… 上漆方法：髹金、漆金。 故事：内涵说明
13	天梯	铁制楼梯：位置、高度、尺寸、模拟图

续表

编号	题目方向	说明
14	陶园	建筑区域、功能、特殊植物、周边建筑（亭台池）与中国园林设计的异同处？是否受到南洋文化影响，或是自有其功能性
15	北楼	建筑元素
16	安全措施	1. 小门大户：现场有许多门或通道非常狭小，仅能 2 人同行，或并肩擦过，防止匪盗群入。 2. 双门设计：外门为铁，内门为木。 3. 取信口：狭小（提供尺寸）。 4. 取银圆进出仅可容身（照片、尺寸）
17	郭有品	年轻过世，开启天一批馆。 个人传奇性色彩。 在经营之前、经营时的事迹
18	郭用中	开天一总局真正的盛世。 在建筑中留下最多故事。 他的生平、事业
19	郭氏家谱	以树枝图表示。 以表格说明各个重点人物、职务、在天一负责哪些工作、重要贡献、事迹，加上他们的照片
20	侨批	以分局为主，制表、制图
21	航运	以图为基础，画出帆船、汽船、出海口。 航班（多久一次） 三江三河：郭家人提到流传村位于三江三河交会口，到底是哪三江、哪三河？这些又对天一总局的经营有哪些影响？ 船的样貌
22	园中植物	植物在中国人的文学文化中具有特殊意义，郭有品爱菊，建筑物上的雕件中也有许多植物
23	一块花砖漂洋过海的故事	天一总局的花砖皆由哪里进口，立体花样有哪些？是何种花卉？ 制表、制图、分布地方、图案、意义
24	郭用中（诗书传家久）	资料较多，现场有楹联等文字图案为一手资料，最值得研究。 照片、楹联、求学、继承家业、发扬光大。 对家乡的贡献：教育、施药、救济、提供工作给家乡中没工作的子弟，免费送到南洋

参观天一总局前需要做好准备，绝对不能以郊游的态度说走就走。

这次调研，笔者要求学生要准备好量尺，很多东西需要丈量。例如花砖的大小尺寸。还要带录音器材，做口述记录时需要。口述资料最珍贵，应该尽量搜集，留下第一手记录。

全班师生参观天一总局，由于往返车程就要花费3个小时，我们特别空出一整个下午的时间到访。由于是校外调研，需要用车，并且需要辅导员同行，因此，此次调研的出行流程如下：

（1）准备出行前先拟定调研计划向文学院报告。

（2）出行计划：校外调研地点、出行目的、授课教师、授课班级、出行日期、随行辅导员。

（3）出行表单：包含出行师生名单（班级、姓名、学号、电话）。

（4）通过审核。

由于天一总局为国家级保护建筑，现由郭家后代负责管理，主管机关为漳州角美台商文物保护局，因此，本次调研也必须先与对方联系，由他们集中安排。

2018年4月26日，我们第一次走进天一总局，当车子驶入天一总局所在的巷子口，天一总局创办人的后代，也就是郭佳鹏先生已经满面笑容候立门外。让我们师生一行人，一方面深感荣幸，另一方面也觉得责任重大。

天一总局静静地在九龙江畔伫立一百多年，时光的流逝，红瓦砖墙已经尽现岁月的痕迹，尽管如此，建筑上细腻的雕件与门柱上的楹联，仍然静静诉说那个时代的辉煌。

学生和笔者做了充足的准备，摄录机、手机全开，一路上，大家从书堆里的知识走了出来，满眼惊奇。那些在纸本资料上模糊不清的图案，竟然如此细腻而瑰丽，让学生的眼前一亮，惊呼连连。建筑内的美，尽管多有残破，却还能保有部分，而这一点点残件，已经足够我们探索。学生们先在郭佳鹏先生的导览下，穿梭在天一总局整个建筑群里，他还为我们一一介绍现今居住在此的家族成员，郭家上上下下可以说是给予了我们这次调研最大的支持。

学生们在课堂上搜集到的资料与天一总局现场调研的结果是不同的，感受不同，对于后续发展文创也有很大的启发。

以一块大厝的浮雕花砖而言，在网络上和书本中都仅是建筑里的一小部分，甚至无法看清图样，被大家所忽略。学生们到现场近距离观赏记录，感受这片花砖墙在空间的位置以及光线照在花砖上所呈现的时间的温度。

为便日后使用，学生们将调研收获记录成表，如表 6-3 所示。

表 6-3　建筑调研记录表

名称	照片	位置	编号	材质	尺寸	照片编号	时代	数量
浮雕花砖		大厝正厅	1-1-2018-08-01.1	瓷砖	10 cm×10 cm	1-1-2018-08-01.1	1910	50 片

注：编号，是为了资料管理用，建档逻辑可以依照自己的管理档案方式。

此处编号逻辑：天一总局建筑群一共有三大落，第一大落是大厝，第二大落是北楼，第三大落是桃园。因此，编号的前两位数字分别是 1-1、1-2，1-3，2018 是搜集资料的年代，接下来是月份，然后是日期，最后是该日期中此一件的序号。

三、分析资料

学生在参访搜集资料后，接下来要进行资料分析。

依照各学科、类别的性质不同，分析方法也有所差异，而分析的目的，是要策划者自己更清楚地知道策划的内容。

首先依照"人事时地物"，将资料分类，资料不足，则进行第二次资料搜集，不断反复，让资料呈现更加清晰。

以"浮雕花砖"为例，一开始学生认为这就是瓷砖，仔细观看后，发现上面是立体的图案，与一般瓷砖不同，在大厝附近还有一种瓷砖也与现代瓷砖不同，粉粉的，很像印上去的。讲解人郭佳鹏先生介绍，那是花砖，一种相当于用矿物彩颜料印上去的，砖的表面是雾面，因为没有釉的保护，颜料保存不一，掉了许多。这种砖被称为花砖，与今日花砖在印制工艺上不同，不能混为一谈（见图6-2）。

浮雕花砖的生产时代与产地，郭家并不清楚，只听长辈说是从德国来的，但根据网络资料比对，在1880—1920年，这一类浮雕花砖只在英国和日本两地生产，这种浮雕花砖最特别的是在砖的背面都有印模，揭示制作公司、生产国、生产年份，如果现场有当时留下来未经使用的浮雕花砖，可以释疑，但现场没有。因此，只能等到浮雕花砖剥落时，才真相大白（见图6-3）。

详细搜集文创元素相关资讯，可以让我们了解此一元素的文化内涵，跳脱出单单仅就图案设计成的商品框架，增添文化历史要素，是开发文创商品相当重要的一环。而这样的过程，可以提供设计者在文创设计时的"灵感来源"，提供更详细的商品说明，通过文字说明，丰富文创的意义。

图 6-2　花砖

图 6-3　浮雕花砖

在天一总局现场调研时，一名学生对花砖非常喜爱，她首先以相机拍摄每一款浮雕花砖，再就浮雕花砖历史资料、居住人天一总局郭姓家族人士对浮雕花砖的印象和感受等进行口述采访，丈量每一块浮雕花砖的尺寸规格，记录各种浮雕花砖数量，每一款花砖所在位置。

在大厝的浮雕花砖不仅美丽，同时具有历史意义。在百年建筑的中轴线上，是每一位来访者进入大厝一定会看见的装饰性雕件，非常特别。由于天一总局至今尚未有文创商品，所以她决定以花砖为主题，设计吸水杯垫，笔者先提供创意表单（见表 6-4），帮助她系统思考：

表 6-4   吸水杯垫的创意表单

商 品 名 称	吸 水 杯 垫
设 计 者	
主 要 元 素	
灵 感 来 源	
设 计 构 思 说 明	
制 作 预 期 目 的	
销 售 对 象	
制 作 方 法	
包 装 方 式	
制 作 特 色	
制 作 过 程	
设 计 经 费	
制 作 经 费	
展 示 场 所	

四、SWOT

SWOT 分析是由美国旧金山大学管理学教授海因茨·韦里克（Heinz Weihrich）提出的一种分析法，运用在商业营销策略分析与产品规划，经过优势（Strengths）、劣势（Weaknesses）、机会（Opportunities）和威胁（Threats）四方面搜集资料和分析，认清企业内部与外部资源和条件，厘清商品策略和规划方向，简而言之，就是先了解市场。这套方法非常实用，是策划前自我检测的好方法，当然也适用于文化创意策划。

在笔者随堂观察中，学生在设计文创商品时会有两种状态，一是天马行空型，只想着自己想做什么，而不管市场接不接受，或许他自己非常满意，但市场并不买单；二是缺乏信心型，想了很多，做得很少，要不然就是在原地打转。学了 SWOT 分析后，这两种状况都有了改变，学生都能清楚了解自己创意的范畴和优缺点，并通过文字说出自己策划商品的缘由。

现在，就让我们认识这个分析方法：

1. 优势（Strengths）

自己在设计文创时，有什么专业或特色是竞争对手没有的？（例如，文学院的学生文字功底更扎实。）

自己熟悉什么样的东西/领域？对哪些比较有兴趣？（例如，一位家住泉州的学生，从小在香铺街长大，对香料熟悉和喜爱。）

自己或所在学校（院系）有哪些资源？（例如，文学院有古琴课。）

自己能做到哪些别人做不到或比别人做得好的事？（例如，书法有得过奖。）

2. 劣势（Weaknesses）

自己特别不熟悉哪些知识或技术？（例如，要做影像处理。）

自己在哪些方面资源比较少？欠缺哪些资源？（例如，没有做过市场调查，对消费者需求不了解。）

哪些事情做不到？（例如，无法用建模软件设计自己的产品。）

3. 机会（Opportunities）

有什么样的服务或产品是可以发展的？（例如，学校举办周年庆，需要相应的文创商品。）

政府或学校有哪些政策优惠？（例如，奖励措施、优惠条款、创业基金等。）

4. 威胁（Threats）

同系不同年级是否也有人会做同样或类似的东西？

设计的元素会不会很快消失？

这些不同方面的思考，在初做文创时不一定全部展开，只是多一些思考路径，让学生发掘问题、解决问题。思考如何善用每个优势，如何避免每个劣势，如何成就每个机会，如何抵御每个威胁。

五、4P

4P 是营销学名词，4P 的 P 是指四个英文单词的第一个字母，包括产品（product）、价格（price）、渠道（place）、促销（promotion），简称 4P。它是 20 世纪 60 年代由美国营销学学者杰罗姆·麦卡锡（Jerome McCarthy）教授提出的四大营销组合策略，也是文创策划时需要考虑的要点。文学院的学生平时没有接受营销学训练，一开始接触营销，仅会想到自己要做什么，或是想做什么，缺乏广泛的市场思考。因此，有必要让学生了解和掌握 4P。

首先谈到"产品"。

通常提到产品这两个字，学生会认为产品就是产品，不外乎就是一个东西。但在营销学中，产品的范围非常广泛，授课时，建议教师先用提问的方式，让学生自己思考产品可能涵盖的内容。

> **课堂问题**
> 1. 什么是产品？
> 2. 桌上这个产品，你看到哪些？（教师在课堂上准备一件产品）
> 3. 在策划产品时，你会想到哪些？

其实，产品不仅指产品本身的样式、效用、质量，还包括产品细节说明、提供的服务、品牌形象、包装和对商品质量保证等，这些都是必须考虑的。而这些考虑也会影响产品最后的工作内容和相关成本。

这里举一个北京故宫博物院的案例。北京故宫博物院在文创商品方面的成绩可以说是有目共睹。在故宫淘宝店铺里，每件商品都有详细的说明，甚至还有视频，希望带给消费者如在眼前的展示效果。例如"清朝系列迷你故宫小猫猫摆件"一共有 9 款，材质是树脂，设计灵感来源是紫禁城里的猫咪们。整日在故宫里闲逛、晒太阳的猫咪，惹人喜爱，在明朝时期还有名字，甚至被授予职衔品位。故宫文创团队依此设计了 9 款猫摆件，有戴着花翎帽子的小花翎、戴着皇帝帽子的小皇帝，还有小将军、小格格等，都非常可爱。

故宫文创店把设计灵感来源、制作材料等交代得非常清楚，最后还附上可爱的使用示意图与包装资讯。

学生学习文创商品策划，遇到的第一个产品问题就是这个产品应该长什么样子。这时候可以让学生先用文字描述，并且对同学陈述自己的商品概念，直到对方听懂为止。概念清楚后，再进行草图设计，学生先以铅笔在纸上描绘大概的样貌和轮廓，再以电脑进行局部设计。这里碰到的第一个难题是打草稿，课堂上学生多半写字很强，但要用这支笔画图就稍弱了。其实大家都上过美术课，画草稿是没问题的，只是画得好不好的差别，因此，教师可以鼓励学生尝试以草图表达设计概念。

范例一：笔者以闽南师范大学文学院为主题，让学生设计文创商品。先从设计草图开始，一方面让学生自己清楚知道自己要做什么物品，另一方面也了解自己在过程中缺乏哪些考虑。

学生根据"文学院"三个字进行创意构思，提出文创商品设计思路。首先是"文学院礼品袋"。这个想法很好，因为所有的东西一装进这个袋子里，都将有文学院的意象。一名学生将闽南师范大学、文学院、文的古字等三个元素，融入一款纸袋，其造型简单，元素清楚，如图 6-4 所示。

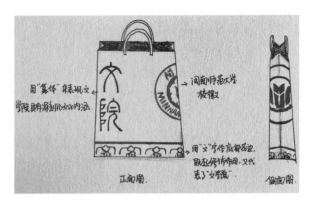

图 6-4 以文学院元素设计的一款提袋

另一位学生以漳州市花"水仙花"为设计元素，想要为文学院设计一款文创商品，由于水仙花也是闽南师范大学的校花，所以这款文创商品做起来应该很符合学校的需求。

还有一名学生先以铅笔手绘草图，向笔者说明企划构想，过程中也多次向笔者提问，担心自己画得不好。这时候最重要的是教师的鼓励和指导。笔者一方面告知她不需要担心，因为设计稿只是用来确认自己思路，另一方面也告诉她解决方法，就是先上网站找出自己想要制作的商品类型，然后照着画即可，还可以打印下来描框，或者抠商品的图。她最终找到解决的方法，画出一款设计草图，如图 6-5 所示。

图 6-5 以铅笔画出的设计手稿

　　她想要设计一款香囊，内附中药香料，放在包里，可以提神，最为文人雅士喜爱。材质以环保为诉求，以棉麻为主，款式小巧，易于携带。我们原本打算发包给商家印在麻布上，但一方面价格太高，另一方面发现学生其实画得不错，所以讨论后，决定先手绘几个。结果，效果出奇地好，除了水仙花，她还画了梅兰菊竹多款，一共做了9款。在回家的时候，正逢家中桂花飘香，她就随手摘了一些放进麻布袋里，在交作业时，当笔者拿起香囊，一阵浓郁的桂花香飘来，学生也很惊讶，没想到干燥的桂花，竟然还可以这么香，于是，我们将剩下的几个香囊内都放进她家采下的桂花。她也为香囊加上说明书和外盒，让这款作品趋于完整，如图6-6所示。

图 6-6　香囊成品

产品设计除了考虑上述问题，还需要考虑销售对象，也就是人（people）。这款香囊的对象是文学院来访贵宾，有男有女，且多是专家学者，因此，产品必须合乎他们的身份和使用习惯。古人有佩戴香囊的习惯，小小香囊，散发桂花的淡淡味道，令人喜爱。经过小型市场调查，大家的反响都不错。

销售商品时，营销人员的训练也至为重要，在商品销售前，应该提供销售话术，而不要让营销人员随意介绍。也就是说，员工的销售素质直接影响了营销的成功达成率。

价格（price）方面，大致包含产品成本、通路成本、营销成本、利润。起初做设计时，必须把这些考虑进来。因为是学生的文创作品练习，在通路、营销和利润上可以先不做考虑，以完成作品为主。渠道（place）和促销（promotion）则在另外的课程中学习。

除了 4P，1990 年，美国营销专家劳特朋教授也因应市场变化，提出 4C 理论，以消费者需求为导向，设定 4 个基本要素：消费者（customer）、成本（cost）、便利（convenience）和沟通（communication）。总之，要做好一款文创商品，需要考虑的方面的确不少，事前研究调查越仔细，越能精准做出适合市场的商品。

六、协同作业

文创产品从构思到完成，需要许多流程。在商业模式上，其实是许多不同专业的人共同完成。例如一个商品包装，需要设计、美工、文案，完成设计图稿，还必须先打样，经过相关人员确认后，才交给工厂大量制作。笔者上课时会以一个包装商品案例示范给学生看，分解每一个物件所需专业与行政流程上的注意事项，让学生明白。

学生在策划时，为了模拟公司内部文创商品制作流程，也可以小组方式分工合作，有人善于构思，有人善于设计，有人负责找商家制作。总之，要齐心协力完成作品，学生应该在这一堂课练习文创策划的流程和注意要项，同时也发觉其他同学的优点，以小组共同完成作业。

七、学生案例

这里再来分析几个以共同主题构思的实践案例。

这堂课以文学院的文创商品为主题，而"博文楼"是文学院主体建筑，是学生每日上课的地方，有最多、最深刻的记忆。因此，许多学生以"博文楼"为设计主题，包括"博学明理"手提袋（见图 6-7），"勿忘博文"书夹（见图 6-8），"日日是好日"文学院年历。

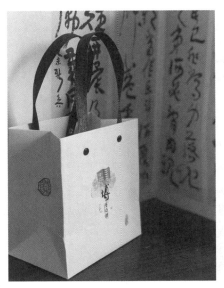

图 6-7　"博学明理"手提袋　　图 6-8　"勿忘博文"书夹

这些作品都以每个人生活的共同记忆与求学时的需求着手，获得学生们的喜爱。现在来看看他们的策划书吧！

学生成果一："博学明理"手提袋

图 6-9　手提袋设计稿

设计者：陈泓渺

手袋设计理念

图案为博文楼东区，因为博文楼东区是文学院学生四年上课的地方，用它来代表文学院最为合适不过了。天蓝色与博文楼东区外观一致，使图案更具识别性。

"博"字来源于博文，既来源于博文楼的名字，又彰显出文学院学生们的素质：博学广识、文质彬彬。我对"博"字做了些许改动，使其更充满灵气。横化为书卷，象征中文人手不离书；竖化为笔，读书不只是读，更在于用；长横化为琴，也显示出文学院对学生寄予的厚望：琴棋书画样样精通。同时古琴与书法也是闽南师范大学文学院的特色。

博学明理为书法家王羲之的书法。

右下角的石碑纹理来源于文学院后面石头的纹理，颜色与文学院牌匾的颜色保持一致，彰显个性，提高识别度。

教师评语：提袋的使用范围很广，学生设计时，笔者特别提醒他注意袋子的大小，至少要能放入一本书。因为笔者发现中文系的教师最常赠送来宾的礼物就是书。

学生以中文系所在大楼为创意构思元素，是很好的选择。这栋博文楼是所有中文系学生上课的地方，大家对这栋楼有共同记忆。虽然大楼建造年代久远，并且在艰难时期造成，但其朴素无华的外观，坚固的栋梁，展现当时建造这栋大楼的用心。学生将其设计成主视觉，并加上优美的书法字体，以此来表达文学追求质朴之美。

学生成果二：文学院创意便利贴

策划人：史嘉钰

一、总　　论

（一）项目背景

目前，各高校都在逐步完善具有学校特点的校园标识系统。强化全校各单位及全体师生员工的学校标识意识。高校越来越重视自身形象建设，规范使用校标、校徽以及学校标准色、学校名称，规范使用学校各类指示牌、名片、POWERPOINT 模板、文化宣传材料、礼品等。校园文化用品受到广泛的认可，校内组织举办活动派发的奖品也较多使用印有自己标志、文化理念的物品。高校校园文化用品市场呈现蓬勃发展的趋势。

（二）项目规划

校园文化创意产品作为文化创意产品一个更加具体的方向和类型，我们将设计属于文学院独有的文化创意商品，做出独具匠心、颇具内涵并且能受到广大师生好评的文创商品是我们的方向，也是我们尽快适应行业发展，融入日新月异的校园文化当中的极其重要的一个环节。

二、企划内容

（一）企划概况

专注于校园文化创意产品，用创意丰富校园生活，用文化点缀校园回忆。并且将创意与文学院一草一木融为一体，多角度开发实用性强的日用商品。结合"绿色环保"的大势所趋，将文学院的寓意与产品进行糅合，最终形成文化与产品的双重传播，打造校园文化创意产品品牌。

（二）企划项目

（1）项目名称：文学院创意便利贴。

（2）设计理念：

以文学院院内常青树"树叶"和其花朵"国庆花"为主要元素设计的环保便利贴。

便利贴采用高仿真度双面高质量印刷，叶脉花蕊等纹理清晰可见，正面为深绿色，反面为黄绿色，自由灵活、随心选择。用途及放置地点广泛，携带方便，可随时随地记录。设计的意义在于被使用，且绿色环保可循环使用。

（3）产品规格：尺寸为 9.3 cm×6.2 cm，质量为 16 g。

（4）产品简介：

便利贴贴纸背面带黏性，体积较小。

便利贴（Post-it note）的发现十分偶然。本来科学家是要研究一种黏性很强的胶，却发现得到的是黏性较弱的弱胶。正当大家感到沮丧的时候，3M 公司的一名员工从这个实验中发现了它真正的价值，于是发现了一个可以赚取几十亿美元的商机。

（5）产品用途：

便利贴贴纸背面带有黏性，可记下你想要做的事情，然后撕下来贴在你容易看见的地方，提醒自己待办的事项。并且还可以用来告知人们信息，十分方便。为了美观，现在的便利贴有越来越多的样式及颜色。

（6）设计图示：

（7）设计方法：

① 植根于校园文化，适用于消费群体。

② 塑造校园文化特色。

③ 用途广泛，受众较广。

（8）目标族群：全校师生、前来交流访问的学者以及社会人士。

三、SWOT分析

（一）优势

（1）便利贴产品图案多样，造型可根据消费者个人喜好进行选择，充分体现了个性，使校园文化充满生机。

（2）目标族群较为广泛，不论是在校学生、教师、社会人士，都有需要。

（3）便利贴体积较小，携带方便，实用性较强，且成本也相对较低。

（4）产品采用新型胶水，绿色环保无公害，而且还可以循环使用，传递了"低碳生活"的价值观。

（二）劣势

因体积较小，故发挥空间也较小，可能承载不了太多文化元素。

（三）机会

（1）近年来，校园文化产品如雨后春笋。人们的生活水平提高后，也开始追寻精神上的享受。我们的便利贴承载的寓意较为独特，故可以给消费者带来愉悦。

（2）我们的消费对象主要是学生，随心选择满足了他们的个性化需求，而且大多数学生愿意去收藏各种各样的校园文创产品，这也是一大机会。

（3）该型便利贴与市场上的大多数便利贴不同，它较为美观，质感很强，又具有特殊寓意，竞争力大大提高。

（四）威胁

（1）相对来说，市场上的便利贴可能成本较低，价格也相对较低。

（2）校园内其他文创商品类型多样，可能会影响该产品的关注度。

四、市场分析

（一）市场现状

据调查，国外很多知名高校对校园纪念品的开发都比较重视，因为高校对纪念品市场的开发，不仅发展了学校的产业，更重要的是创造了一个绝佳的宣传平台，凭借这种独特的宣传方式对内对外进行展示。

国内纪念品市场也蕴藏着巨大的潜力，丰富的纪念品是学校的代言，是对外宣传的工具，是学校信息向外传递的有效途径。纪念品的生产也是学校的一个附加产业。

国内的高校纪念品市场才刚刚起步，因此存在着很多的问题：

（1）创意少，个性不足，大部分品种存在相似性。如清华大学青花瓷钢笔和东南大学大宝珠笔极为相似。

（2）质量差，收藏价值较小。考虑到目标人群的特殊性，大多将产品转向印章、水壶等成本贴近生活的物品。但往往由于质量差，无法长期保存。

（二）市场前景

通过调查问卷的方式，了解学生对于校园文化的认知态度、关注点以及校园文化纪念品的购买需求。

首先从认知角度来讲，在"是否有购买过以校园为背景的衍生产品？"一项中，50%的学生选择没买过。由此可见，我校纪念品这块市场存在空白以及市场存在巨大的潜力。

（三）目标市场

根据分析研究，确定了该类市场的三类目标客户：

一是院系。院系活动较多，包括交流活动和表彰奖励。高校每年都会有很多出访交流活动，而活动结束后，纪念品能代表文学院的形象，给来访嘉宾留下深刻的印象。

二是校友。文学院每年都会有很多校友返校参加交流会。毕业多年，校友们对母校有着牵挂和不舍。在校友们参加聚会的时候，收到文学院文创产品，会是一件很温馨的事情。

三是个人。深刻的文化背景蕴含其中，既可以满足学校师生的需要，又可以满足校园参观者选购纪念品的需要。

五、执行方式

与淘宝商家合作，确定样式及材质后即可投入制作。

预计日程

项目	计划开始日	天数	已完成	未完成
问卷调查	2018-01-01	5	5	0
确定样式	2018-01-06	3	3	0
卖家沟通	2018-01-09	1	1	0
印刷制作	2018-01-10	5	0	5
快递运输	2018-01-16	4	0	4

经费预估：精美包装版 20 元/个

教师评语：这位学生的创意来自中文系博文楼旁的一大片栾树。这种树每年 10 月开花，在前往中文系的道路两旁绽放，盛开时，一大片金黄色非常好看。此时，正是新生入学之际，一大片金黄展现欢迎新生的热情，也好似文学院的学生前途一片光明。学生以金黄的栾树花为设计灵感，又找到了几种校园特色植物，做成系列性设计，主题性强。

在制作成本方面，便利贴制作成本较低，是学生较为常用的文具之一，若加上学校的校花水仙花，相信会成为一套很好的校园文创商品。

第七章
如何写策划书

　　什么是策划书呢？有一种说法称："策划书是一种说明公司的长期目标、阶段目标、商业策略以及战术的文书。主要目的是要说明公司未来发展方向，如何达到目标，以及目标达成后的景象如何。"本书主要以文化创意撰写策划书，撰写范畴虽然不像公司那么大，但方向是一致的。换句话说，策划书是一个完整、完备的逻辑思考计划书，有主题，有策略，有方法，有目标。而这里主要提到的是策划书的架构，通过架构，我们可以全面思考，让文化创意可以实践，可以落实。

　　这一章主要介绍几种常见的文化创意策划书，包括文创商品策划书、营销活动策划书、画展策划书、征文比赛策划书、公益活动策划书，并且提供范例说明。

　　这些类别的策划书的基本架构差异并不大，在真正执行上，只要加入相关要素即可，而我们对于策划书架构其实是不陌生的，例如我们从小学到大的作文，其主要架构就是以"起承转合"为主。"起"是要做这件事的原因和目标，"承"是如何操作，"转"是策划中的创意点，"合"是圆满达成目标。小至一篇文章，大致一份策划书，都是这种思维方式。写文章跟写策划书一样，都是要可以落实，不是空口说白话，想清楚这一点，再往下走就轻松多了。

一、文创商品策划书

　　如何将器物注入文化，从实用变为大用，为文创带来新的视野，也让我们的日常从文明走向文化，营造一个雅文化的生活氛围，是我们需要一起思考的问题。

因此在上课时，教师需要广泛举例，以扩大学生的视野。例如，谈到日常用器皿，笔者会以瓷器为例，先请学生们聊一聊自己平常用餐时都用哪些瓷器。接下来，笔者会请学生们到故宫的网站，查一查中国宋代五大名瓷，再看一下这些瓷器的形制，再看看古画中古人是如何在餐桌上使用这些瓷器的。

汉字里有许多食器的名字，除了碗、盘，还有"簋""簠"，《广韵》有言："簠簋，祭器，受斗二升，内圆外方曰簋。"清代段玉裁《说文解字注》云："黍稷方器也。周礼舍人注曰。方曰簠。圆曰簋。盛黍稷稻粱也。"簋的外观为敞口、鼓腹、双耳，形似大碗，是盛食物的容器，也是重要的礼器。簠，是一种长方形的盛装食物的器具，用途如同簋。豆，像高脚杯，是盛肉的器皿，古代也用于祭祀。还有"案"，是进食用的托盘，形体不大，有足。这些餐桌上的食器，因为烹调方式和内容不同而有所差异，随着经济进步，后来的盘子、碗、杯子不仅形制越来越多元，而且还在其上增加花纹，就连釉色也产生差异。我们在北宋《文会图》中可以发现餐桌上的食器非常多样，茶碗加高又加托，酒器还带着漂亮的莲花形温碗，食器从功能性走向兼具美学内涵，显示了人们由"吃饱"走向"吃好"，不仅彰显了经济的富裕，还显示了当时的人迈向提升生活品位之途。换句话说，就是从日常走向了雅文化，这个雅文化伴随生活所需却也超越生活所需，里面有文学文化的内涵，并且是需要具象化的。而这个具象化的过程，就是我们的创意。

再举瓷器为例，中国的青铜器和玉器在汉代达到很高的艺术水平，而陶瓷器皿在唐代更为普及，唐三彩器型繁多，色彩斑斓。随着经济、科技与工艺的进步，宋代渐渐掌握了窑温与釉料之间的关系，加上皇帝与文人士大夫对瓷器精致度有较高要求，不仅五大名窑的瓷器精美绝伦，就连民间的湖田窑的瓷器也十分精美，其轻薄的厚度、清脆的声音、淡如湖水的色泽，表现在触感、听觉、视觉方面，无不细腻动人（见图 7-1）。

图 7-1　从南京博物院的唐代陶俑、观复博物馆的宋代瓷器，可以看出泥土
幻化的创意（摄影：高显莹）

　　瓷器的发展在中国历朝历代都有后出转精的成就，这期间器皿的形制、颜色表现，都有时代特色。换句话说，瓷器在表现上有了各个时期艺术家与工匠的创新，在不同时代有了不一样的面貌。这种创新，或因生活习惯的转变，或因审美品味的变化，或因外来文化的影响，等等。总之，中国大地上的人们就是不甘于平凡，不断精益求精，而创意中又存在着传承，也就是在既有的物件上，加一点巧思，这样一来，我们在做文创时就不会因为太烧脑而停滞不前了。

　　举个例子，在中国传统建筑中时常会看见"花板"，这是用于装饰的物件，里面的图案，多是代表君子的松竹梅兰菊，或是大富大贵的牡丹花。一般多是单层雕刻，受玉器等多层透雕的启发，木雕的花板不仅在题材内容上有所增加，在雕工上也朝向繁复的多层透雕与双面雕发起挑战。在漳州角美镇流传村的天一总局大厝中，我们就同时看见单层梅兰菊竹的花板、表彰二十四孝的巨型花板，以及富贵平安双面透雕。这些创作的题材与内容其实大同小异，但在建筑表现上，或许因为天一总局的家主人经商于南洋，所以除了传统教忠教孝的内涵外，还增加了东西方各国时钟等元素，让居家空间因为这些有意义的装饰性物件而有了家庭教育的功能，也表现了时代性，是一种创意的表现（见图 7-2）。

图 7-2　天一总局花板上的牡丹花

今天，我们也可以通过前人的创意来从事文创，也就是说，文创绝大多数不可能凭空想象，特别是对于刚走进文创领域的学生们来说，与其天马行空地胡思乱想，倒不如好好走进传统文化中，从传统中开发新意。要知道，文创有文化背景，具有文化传承意义，这是我们要秉持的重点，也是文创中最能吸引人产生共鸣之处。

此外，在文创过程中，大家面临的最大的挑战是设计。汉宝德在《文化与文创》一书中提道："文创的核心是设计。传统艺术文化当然可以是设计的灵感来源，但文创产业所需要的设计绝不能耽溺于古风乡愁，而是要追寻普世性，追寻跨文化、跨地域的、可以进入每个人日常生活里的美感与趣味。"在策划部分，我们要有想法，也要有做法。这里，笔者建议大家先从想法开始，不要拘泥在"该如何做""怎么做"这些技术性的问题上。因为，课堂上这类的问题还真不少，往往耗去大半的时间，也消磨了学生的意志。在此要提醒学生，先有想法，再想做法。事实上，目前只要我们想做的，几乎都能落实。有个学生就这样跟笔者说："要做出来，还不简单，这些都可以上淘宝去找呀！"这话虽然说得很轻松，不过事实也的确如此，我们的文创聚焦在文化产生新意，并非在技术创新。所以，与其说设计，对我们初学者不如先说创意。

在此，先对文创做一个概念式的总结。

文创的范围和内容：涵盖面非常广，泛指在一个社会中共同生活的人们，拥有相近的生活习惯、风俗民情等。我们可以先从自身最常接触的物品为主，例如文具、餐饮器皿、图书、艺文展览等，从日常寻找文创的素材！

文创策划先从创意做起，从观察身边事物结合文化元素构思，让创意思维得以表现。

在了解文创的定义、范围、内容、案例后，学生开始写策划书。课堂上的策划书比较简单，主要教导学生以最简单的方式完成文创商品，并了解文创商品的制作内涵。这个章节则是做比较详细的范例说明，供有意日后朝其他方面发展的学生参考学习。

策划内容依照类别，分为文创商品、营销活动、画展策划、征文比赛、公益活动几个比较实用的方向。

文创商品以制作商品为主，需要思考的内容依照制作物的不同而有所差异，基本上，需要考虑下列内容：

（1）作品项目。

（2）主要元素。

（3）元素意象。

（4）创意理念。

（5）设计图稿。

（6）作品规格。（材质、大小、颜色、包装……）

（7）制作费用。（经费预估）

（8）其他。（放置方法、包装方式、专利……）

笔者再以创意构思表单为例说明，如表 7-1 所示。

表 7-1 创意构思表单：台湾大学万用卡

编号	工作项目	范例	说明
1	制作项目	万用卡一式	一项工作仅能填写一张表单，用以厘清制作物的工作内容
2	项目介绍	供本校教职工、学生、毕业校友购买使用	制作目的
3	市场分析	目前本校没有专属万用卡	为何需要制作此一项目
4	创意说明	以校园里最常见到的杜鹃花为设计元素	创意元素、设计理念、可达成哪些目标
5	产品说明	一般万用卡规格，材质：200 磅星云纸 打开—B5（18.2 cm×25.7 cm）；对折—18.2 cm×12.85 cm	规格、数量、制作方式、包装方式
6	销售方式	校园书店销售、网络销售	
7	经费预估	建议售价 8 元/张	1. 制作成本：设计费、制作费等。 2. 销售成本：人事、活动、销路等。 3. 建议售价

台湾大学校园内的杜鹃花有多个种类，光从颜色区分，就有红、朱、黄、白、粉。白色还能再细分好几种，有的白中带粉，有的白中带绿，有的是纯白色；粉红色也有深粉红、浅粉红之分。创意构思者以这几个颜色主调，以及花的形状特色，搭配出一个环形花样，这个环形恰好是学生们在校园杜鹃花季喜欢以凋谢的花瓣排成的模样，让学校师生一眼望见，非常熟悉。由于花的照片过于写实，因此采用水彩画，增加艺术感。成品如图 7-3 所示。

图 7-3   台湾大学的校园万用卡

学生在听完这个案例说明后，也尝试着为学校做一项纪念品或实用的物品。学生经过小范围采访调查后，发现大家都会有送礼需求，但学校没有代表的手提袋，因此一位学生为文学院设计一款简单的又具有代表性的礼物袋。他的创意表单如表 7-2 所示。

表 7-2　其他创意表单

编号	工作项目	范例	说明
1	制作项目	文学院文创商品：纸袋一式	厘清制作物为何。一张表单一个项目
2	项目介绍	供本校教职工、学生、毕业校友购买使用	制作目的
3	市场分析	目前本校没有专属纸袋	为何需要制作此一项目
4	创意说明	1. 以篆体"文院"为设计元素，表现文学院具有深刻文化内涵。 2. 以校徽表达学院属性。 3. 以篆体"文"字为纸袋底部花边，既起修饰作用，又代表文学院	创意元素、设计理念、可达成哪些目标
5	产品说明	一般纸袋规格； 四色印刷； 材质：白牛皮纸（32 cm×25 cm×11 cm）	规格、数量、制作方式、包装方式
6	销售方式	校园书店销售、网络销售	
7	经费预估	建议售价 8 元/个	1. 制作成本：设计费、制作费…… 2. 销售成本：人事、活动、销路…… 3. 建议售价

经过几次讨论与修改，学生提供了他的设计图，如图 7-4 所示。

图 7-4　文学院提袋设计草图

这个案例中，学生的表现十分优秀，其特点在于依照课程主题搜集资料，并通过市场调查后进行创意构思。学生以手绘解决设计概念，与教师讨论沟通，多次改进，最后以详细的草图、表单，呈现他的设计与学习成果。

二、营销活动策划书

营销活动对文学院的学生而言，好像风马牛不相及，笔者第一次在文学院提到营销活动策划时，学生们很直接地问笔者："那不是商学院学生做的事吗？"

在以往或许是，但随着时代进步与社会变迁，文创商品策划都走进了文学院，营销策划又何尝不可？况且，文创商品策划是不能缺少营销活动的，否则，东西做出来之后，如果不宣传，难道会有人来买吗？

营销活动是要为文创做宣传，让东西有销售途径，有宣传效益。换句话说就是让目标消费群可以接收到文创商品的销售讯息，进入规划好的销售渠道（实体、虚拟），最终达到销售商品的目的。

文创要能跟生活对接，要能合乎个人需求，要能以小见大，要有创作理念，并能自圆其说，要能让人认同，要能让人体会，要能执行。若自己是受委托设计文创，除考虑创意，还要为商家考虑成本、推广……营销活动也是如此，必须贴心地为市场需求方着想，才能创造双赢局面。

营销活动可大可小，将经费多寡作为投放经费的依据，也就是有多少钱做多少事。当然，在经费不足的情况下，也可以找赞助单位。总之，这些都在考验策划者的能力与创意，挑战度不小。

文学院学生的营销策划书或许因为内容的差异，会与商学院学生的策划书撰写方向有所不同，商学院通常根据公司营运或年度营销需求而撰写，在财务上的考虑更加多样繁复，也需要考虑绩效和达成率，凡此种种，都是行业差别。我们这份营销策划书以文创商品的营销为主，并以学校的学生作品为案例，相较之下较为单纯而简单，目的在于让大家先尝试学会规划，能够撰写相应的策划书，日后可以依照市场情况而扩展。

营销策划书的架构包括：

（1）营销活动主题。

（2）营销活动项目。

（3）营销活动缘由、内容概述。

（4）营销活动预期目的。

（5）营销活动时间。

（6）营销制作项目。

（7）规划进程（或"工作进度"）。

（8）经费预估。

（9）团队人员及分工。

2018年笔者带着学生参加大学生创新创业活动，我们以天一总局的文创商品为主题，设计多款文创小物，包括"如花似锦"万用坠、"花样年华"吸水杯垫、"福寿无边"纸胶带、"专心读书"簪式书签、"平安富贵"便签组。学生们做出了自己的文创商品，心中自然欣喜，"接下来呢?"笔者问学生们，学生们也面面相觑，不知该如何回答。

制作出心里所满意的文创商品，是学习文创的第一关，接下来是要想办法把这些商品销售出去，让文化得以宣传，创意变成生意。这里要先提出一个观念，商品要销售出去有两个步骤，一个叫宣传，另一个叫销售。宣传的目的在于把商品的优势、好处等讯息发出去，并送达给目标消费群，带动消费者走进贩售点。接下来是销售人员的工作，销售人员应该协助消费者了解商品的内容，让消费者安心购买。若在虚拟通络，需要将完整讯息展示给目标消费者，包括物件各个角度的特写和描述，商品的规格和材质特性等，甚至还需要给消费者提供七天满意鉴赏期，让消费者安心购买。总之，不同销售渠道有不同考虑，这些都是我们做好营销策划的挑战。

经过学生们的讨论，最初营销地点可以分为三个地方：一是文学院内设置文创商品销售点，由学生轮班在销售点介绍、销售；二是学校附近的古城咖啡馆，这家老板对于当地文创发展非常支持，因此也愿意成为销售展示点；三是天一总局内，目前天一总局为国家重点单位，时常有人到访，包括学术团体、各地调研单位，这些由建筑本身撷取元素设计的文创商品，正好加深到访者的印象，同时也可以增加郭家人的收入，为扶贫做出贡献。令人高兴的是，学生还有一个永续经营的想法，就是与天一总局当地民众一起通过文创商品制作，使天一总局后代与当地民众可以深入认识这些建筑元素的文化内涵，为之后当地导览人员的培育做基础工作。笔者觉得这个想法很好，既结合营销宣传，又能发扬中国传统建筑性雕件的文化内涵，真正发挥了文创的功能和价值，值得鼓励。

在实际营销的渠道选择上，除了设置地点的考虑，还有经费需求，每个据点销售都需要成本，例如场地租金、上架费、装潢费、人事费、运送仓储管理费等。学生经费有限，这次学生所选择的营销地点都无需租金，也不考虑装潢，纯粹先从宣传和销售做起，靠的是一对一的宣传。因此，在商品说明和销售话术上要多下功夫，自己的商品创意要讲得清、道得明，这促使学生在销售过程中，更加深入地了解中国传统吉祥图案以及文化内涵，并且加以传播。

接下来，笔者以天一总局活动策划范例进行说明。

- **营销活动主题**：天一总局文创产品小作坊
- **团队名称**：小狮子啦啦队

小狮子的队名来自天一总局北楼屋顶上的两只狮子。历经风雨百年，屋顶上一对狮子仍然屹立、气宇轩昂，始终护卫着这栋建筑，与一旁静静流动的九龙江水，一同传唱天一总局航向世界的不朽史诗！受到这个意象的感动，加上建筑栋梁上也有许多狮子，所以，小队的名称就叫小狮子啦啦队（见图 7-5）。

图 7-5　以天一总局北楼屋顶上的两只狮子为元素设计出标志

图 7-6　小狮子设计原型来自凤纹卣上的亚丑

（图片来源：上海博物馆数位典藏）

● **团队标志：**

　　狮子是中国图腾中常见的形象，有捍卫的内涵，许多企业标志也以狮子作为图腾设计。我们是文学院的文创工作坊，希望标志具有文学文化内涵和气质，在经过资料搜集后，我们以青铜器的"亚丑"（见图 7-6）为设计元素。亚丑是商周时期青铜器上的饰物，很有特色。我们选择上海博物馆数位典藏中的西周早期青铜凤纹卣上的纽饰为样本，因为其形象非常特别，面孔有点像狮子，耳朵鬃毛张开像人的五个手指，一脸开心的模样。我们希望大家开心做文创，捍卫我们的文化，因此标志由学生依此设计。

- **团队人数**：5 人
- **缘由**：目前团队在文创商品设计制作上已经获得初步成果，并获学校评选为优秀项目，未来将以此为经验，继续推出新的文创商品，带动文化推展工作。
- **策划构想**：

（1）通过汲取天一总局的文化元素进行创新。

（2）邀请当地民众参与制作过程，加深对天一总局文化元素的认知和印象，同时进行部分手工包装，增加参与感和成就感。

（3）提供销售话术，训练销售解说，在天一总局内销售。

（4）以旅游纪念品的需求数量形式进行量产。

- **策划内容**：

成立天一总局小区文化发展协会。

- **营销模式类型**：

"体验式营销"

（1）提供感官（五官）、情感（文学、故事）、思考（文化代表意义）与天一总局进行文化互动。

（2）通过手作活动（行动），在生活中产生关怀（关联）。

小狮子文化学堂课程内容：

（1）天一总局历史。

（2）建筑装饰性雕件讲解。

（3）文创产品讲解。

（4）雕件：有温度的木头。

（5）百花门里的昔日荣光。

（6）砖雕上的异域颜色。

（7）泥塑说明：安琪拉。

月月见社区活动：

1 月：剪纸 DIY。

2 月：春联书写（以天一总局内春联内容为主）。

3 月：定制木版画。

4 月：采香菇（流传村在地主要经济作物）。

5 月：手作梅子酒。

6 月：DIY 香包。

7 月：彩绘浮雕花砖（天一总局内花砖为题）。

8 月：定制花灯。

9 月：中秋诗会。

10 月：放纸鸢。

11 月：自制手工书。

12 月：新年手帐。

● **宣传：**

2019 年主要目标对象：流传村居民、闽南师范大学学生。

当地宣传、微信公众号、寻求媒体采访报道（例如,《闽南日报》）。

2020—2021 年主要目标对象：社会大众、他校学生。

● **营销效益：**

（1）文化自信心与知识提升。

（2）品牌知名度、经济收入。

（3）社会效益：唤起民众对国家文化资产的认同与保护行动。

（4）经费预估：学校经费、政府支持、社会众筹、文创商品销售所得与活动收入。（见图 7-7）

图 7-7　团队以天一总局花砖设计文创商品，并组队到现场进行调研

三、画展策划书

画展是一个城市中最常有的文化类型活动，策展人也是适合文学院学生的职业选择。学生可以以一位策展人的身份，为书画家设计策展活动。

笔者以岭南画派大师简国藩的画作（见图7-8、图7-9）为例，让学生尝试策展，并提供思考步骤如下：

步骤一：需要先了解画家背景、画家画派，知道画家画派源流。

步骤二：认识画作，知道画家画作内容、可展出画作幅数、各画作装裱方式。

步骤三：展出场地勘查。

对内丈量场地，请展场方提供场地平面图，了解场地参观动线。

对外搜集参观交通资讯，展场既有文宣渠道。

步骤四：依照展出画作内容特色，制定展览主题，于展出作品中，找出一幅能代表此次展出的画作，作为文宣主视觉。

步骤五：规划文宣等需制作项目、规格，进行估价。

步骤六：撰写策划书。

图 7-8　简国藩画作《向日葵》

　　这一次的范例是岭南画派大师简国藩画作展。

　　岭南画派是中国近代重要画派之一。19 世纪初，岭南画派在广东地区形成，在中西文化交通频繁的时代背景下，第一代"二高一陈"提出"折衷中西、融汇古今"，开启岭南画派的发展方向。第二代较为人熟知的有关山月、赵少昂，他们的画作在传承与创新中，使岭南画派成为南方绘画的代表。而简国藩先生就是赵少昂的学生，五十年前，简国藩在香港拜师学艺，在大师的指导下，奠下扎实的绘画根基，与家人移居美国时，他的老师赵少昂勉励其不忘丹青之志，简国藩铭记在心，就这样一直画到今天。如今，简国藩已经八十高龄，每天仍然坚持作画，并且只要有人要跟他学画，他都欣然指导，培养了许多新一代画家。

图 7-9　简国藩画作《飞鸿印雪图》

　　水墨画中最重要的元素是水墨，而中国绘画中强调的墨分五色，更深深考验画家对水墨掌控的功力与配色的能力。简国藩喜画花鸟，他的花清雅而浪漫，薄薄的花片与自然弯曲的叶子，仿佛有风吹过，而竹子的挺拔与松树的苍挺，又让人感受到他笔力遒劲。他画的小鸟神情都十分可爱，比如两只鸟在一起，多半一只张嘴一只闭嘴，因为简老师说，就像人一样，如果两个人一起都张着嘴说话，岂不是吵架。老师的鸭子画得特别生动，笔者记得有一次在新竹美术馆，一位先生赞美老师画的鸭子好像要在他面前飞起来，很有动感。在创新方面，简国藩到美国后，受到西方绘画的影响，题材更加宽广。例如一幅《向日葵》，他以印象派用色的高亮度特色展现花瓣，又以墨分五色展现叶色与叶脉，令人耳目一新，他的杨柳也跳脱一笔笔画叶子的方式。

在他身上不仅能了解岭南画派的精髓，也能看出他对绘画传承的关注与对晚辈的关心。因此，在策展时，特别点出简国藩在画派传承、绘画特色、创新技巧上的特点。

策划书案例：

"花鸟有清音"简国藩画展策划书

1. 展览说明

简国藩画展将于 2019 年 9 月 1 日—2019 年 10 月 6 日在佛光缘美术馆举办，依照馆方合约内容要求，计划展出与宣传事宜。

此次画展展出作品共计 60 幅，内容以花鸟为主，花朵与叶子迎风摇曳，发出清雅的声音，小鸟也在树枝上轻啼，取其视觉与听觉的美好，乃以"花鸟有清音"为此次画展主题。

2. 展出资讯

画展名称："花鸟有清音"简国藩画展

主办单位：福临文化艺术基金会、佛光缘美术馆

展期：2019 年 9 月 1 日—2019 年 10 月 6 日

时间：10:00—20:30 免费参观（周一休馆）

地点：台北市信义区松隆路 327 号 10 楼之 1

开幕式时间：2019 年 9 月 1 日

3．计划时程

2018 年

10 月 1 日—12 月 31 日：整体规划，汇整相关资料。

初步规划并与画家、展场管理单位沟通。

讨论展场布置构想、流程与经费预估。

2019 年

1 月 1 日—2 月 28 日：整体策划确认。

新作拍照、整理图档资历。初步规划整体画作。

空间设计美术人员到现场洽谈空间设计事宜。

画作制作高清图档，进行文宣制作项目规划。

3 月 1 日—6 月 30 日：文宣设计、裱画。

展品于 8 月 27 日运至展场。

7 月 1 日—7 月 30 日：文宣制作、画作保险。

整体活动联系。

确认所有流程。

撰写新闻稿、寄发邀请函。

媒体讯息发布。

与摄影师沟通拍摄流程及要项。

导览手册设计制作胆。

8 月 20 日—8 月 26 日：展前会议，确认制作物、备妥和订购相关展出用品。

现场导览人员训练。

8 月 27 日：进场。

9 月 1 日—10 月 6 日：展览、开幕式、现场接待和导览。

10 月 8 日：闭展。

4．现场布置与活动安排

相关资讯：包括主办单位、协办单位、联络人、联络人电话。

展场需要确定主视觉，加深展出文宣在宣传上给人的印象。主视觉通常是展出作品中最具有代表性的作品（见图 7-10）。

图 7-10　画展简介与文创商品

　　画展通常属于静态活动，但也可以设计推广活动，安排画家与观众见面，主要目的也是宣传画展，希望更多人到展场欣赏画作。策展人可以安排具有教育意义的现场挥毫活动，或是演讲，让画家可以与观众近距离互动。

　　在这次展览中，笔者安排的是现场挥毫，由画家亲自示范荷花的画法。展品销售方面，现场若有画作销售，需要先制作销售表，画作价格主要是由画家确定，上面罗列画作照片、画作名称、画作规格（尺寸大小）、裱画方式以及价格，以便于管理。

　　宣传制作物包括平面制作、网络设计。

　　平面文宣：海报、传单、手册、画册。

　　网络宣传：微信官网（见图 7-11、7-12）。

图 7-11　以简国藩画作作为展出场地设计元素①

图 7-12　以简国藩画作作为展出场地设计元素②

5. 活动经费

活动经费预估如表 7-3 所示。

表 7-3　活动经费预估

编号	工作项目	说明
1	企划费	现场考察、场地申请。 整体策划、开会、联络、结案报告撰写
2	裱画费	框、裱的价格各异
3	画作保险费	防止画作遗失、因火灾烧毁等，通常是从画作运送到会场开始计算，直到展出结束，画作送回画家手中为止。 画作保险有等级、全保和部分保之分，保险公司都有详细介绍可参考
4	文宣制作费	用于宣传物制作相关费用。 其他：广告费、小赠品（例如，画作书签）
5	开幕式	可有可无，依照画家意愿与是否有经费来决定。 来宾邀请、流程规划、现场布置等
6	画作运送费	画作往返于画展之间所产生的费用。 包含：运输费用、画作的包装费。（画作必须妥善包装，避免运送时刮伤，或遇雨天淋湿等情况

编号	工作项目	说明
7	场地布置费	介绍画作的画卡。 签名桌、接待桌。 画册展示桌
8	进场布展费，撤展清洁费	往返搬运费、布置费。 清洁打扫费
9	画作销售与寄送费	画作若在展出现场有销售事宜，需先请画家定好每一幅画作价钱。 寄送与运费承担方式。 缴纳销售税
10	其他	场租、水电清洁、志工训练、交通杂费

在指导学生撰写画展策划书时，学生表示最困难的地方在于画作解析以及画作介绍。例如《向日葵》，学生除了感觉漂亮之外，也不知道该用什么形容词来描绘；至于《紫藤花》，学生也看不出画家功力与技巧的展现。为了解决学生的困扰，笔者首先让学生上网搜集岭南画派相关资讯，并以这两幅画为例，从不同角度介绍画作。

简国藩画作，无论工笔或水墨、花鸟与山水，均用笔简约，淡雅生动。尤其在水墨笔纸的掌握方面功力深厚，其花鸟虫鱼臻于神似，不仅延续了岭南派简约俏丽、谨严浑厚之画风，更以宏观的角度、细腻的笔法，展现了新一代画家创新的气象。简国藩多次于中国香港以及美国、加拿大、日本等地举办个展，参与大型美术联展，其画作《向日葵》跳脱一般西方人对向日葵的印象，保留了色彩的浓郁，以水墨展现叶脉的姿态，为美国旧金山亚洲艺术中心（Asian Art Museum）收藏。美国硅谷亚洲艺术中心馆长舒建华这样称赞他："简先生就是岭南派三代的中坚。他的画，我印象深刻的就是秀、洁、结。秀雅、明洁，观者到眼即辨，毋庸多言。结，可能观者比较忽略。结者何？扎实、结实、厚实，劲气内敛是也。简先生作画如他待人接物一样，诚恳、实在，一句就是一句，他的画，也是一笔就是一笔，从未有浮薄草草的敷衍应付，皆出之以真心实力，不以师门骄人，不以年长临下。这种艺德在时下急功、近利、势利的画坛，真是难能可贵、良以为宝也。今天简先生年逾八旬，犹精力弥满，创作教学不辍，真是岭南画学之幸，湾区画坛之幸。"

岭南派大家简国藩喜画花鸟，最常见到他画作中花卉与禽鸟群聚，热闹非凡。其中，最不能错过的是欣赏他水墨掌控的能力，以这一幅《藤花枝上鸟》（见图 7-13）来说，画中一串串藤花花瓣薄如蝉翼，片片分明，或高或低迎风摇曳，花色在重叠中并未混杂，叶子与叶子所呈现的层次也相当分明，这是相当不容易的技法与功力。名画家齐白石曾通过描绘紫藤，追思童年和晚年的自己，"儿时牛背笛，归去弄斜阳。三里壕边路，藤花喷异香"。在异乡为客的简国藩，时不时地想起自己从小生长的地方，儿时的景物成了记忆中最鲜明的一道暖流，而画中仿佛因为小鸟枝头跳跃而让紫藤花香四溢在空气中，更是观赏者近观才能感受到的雅趣！

图 7-13 简国藩画作《藤花枝上鸟》

这次展出在完美的策划下，获得极佳的展览成果，参观者相当踊跃，是一次成功的展出。

策划书撰写主要是把要做的事情讲清楚、说明白，并在协同单位与营销渠道上做好各项安排。平时可以多观察、多询问、多练习、多讨论，经过几次学习，相信学生就能驾轻就熟，找到适合自己的营销专项与操作模式。

四、征文比赛策划书

　　文学院学生经常参加各种征文比赛，也举办各种不同主题的征文比赛，因此，学生在参加文学院的社团活动时，最常碰到的活动就是征文比赛。如果有一天你要负责举办一场征文比赛，你该怎么做呢？

　　征文比赛的目的不是要大家比赛写文章，而是通过书写对活动主题有更深、更广的了解，或是通过脑力碰撞与分享，发现生活的真善美等。为了竞赛公平的考虑，征文的主题、内容、参加对象都有范围。当然，吸引大家参与的奖品也要针对参赛者条件而加以规划。评审老师也必须是跟主题相关的专家学者。方方面面都要考虑周详，这样才能办好一个既叫好又叫座的征文比赛。

　　征文比赛的策划内容包括：

　　（1）征文活动主题。

　　（2）征文题目。

　　（3）征文目的、说明、预期达到的目的。

　　（4）征文活动对象：初中组、高中组、社会组等。

　　（5）征文文体：散文、短篇小说、长篇小说、诗歌等。

　　（6）征文字数。

　　（7）征文受理时间。

　　（8）优胜名额与奖金奖品。

　　（9）活动宣传方式。

　　（10）活动所需经费。

　　（11）活动团队人员、分工方式。

　　（12）整体时间表：活动策划、宣传、收件、评分、颁奖、结案报告。

　　（13）收尾工作。

（14）活动举办单位：主办单位、协办单位、赞助单位等。

最后要提醒的是，办活动都免不了各式各样的宣传，但活动结束后，应该要去清理场地，各地张贴的文宣要撕下来，并且把张贴的墙壁尽可能清洁干净，让活动不留下一点垃圾，为活动画下圆满的句号。

在闽南师范大学的征文活动中，笔者印象最深刻的是一场以林语堂为主题的征文比赛。林语堂是近代中国著名的文学家，也是漳州人，他的故居就近在咫尺。这位幽默大师的作品非常丰富，笔触轻松却蕴含哲理，让人看后多能受到启发。笔者觉得鼓励学生认识林语堂其人其书，是一件很有意义的事。因此，当学生找笔者帮忙指导时，笔者欣然接受。

林语堂征文比赛是文学院年年举办的活动，受限于经费和宣传的方式，参加的人虽然不多，但参赛学生很有热情，学生策划的征文活动也很用心，但如何再推他们一把让活动吸引更多的人参加呢？经过了解，学生大部分对林语堂是不了解的，活动内容故而不够明确，因此，笔者决定先带执行活动的几位学生到林语堂故居参观，同时介绍其人其事。

笔者带学生到林语堂故居参观，介绍他的生平、几部重要作品，他最喜爱的苏东坡，以及为苏东坡作传过程。还提及他的居家生活小故事，自己亲自设计中西合并的故居，打字机等各项发明……大家对林语堂越来越熟悉，这个文学家原来并不是那么高高在上、遥不可及，他就像一位上课的老师、一位对人生充满乐观，对中国文化有非常深入认识的学者，而且还很会写文章，人也很幽默。有了这一层感动，学生也就有了更多的想法和做事的动力。

五、公益活动策划书

公益活动的对象很多，这里以留守儿童教育公益活动提供实践范例。

闽南师范大学是一所师范院校，学生毕业前的支教与毕业后的教育工作，很多都在中小学内开展，近几年也将支教范围扩大到偏远地区学校。偏远地区留守儿童主要的状况，多是家中父母到城市工作，孩子还小不方便同行，因此留在家中。

在策划公益活动时，笔者以艺术教育为主要活动内容，因为偏远学校较缺乏艺术教育师资。总之，到偏远地区举办公益活动，要以孩子们为主；在课程安排上，应以学生需求为主（见图 7-14、图 7-15）。

图 7-14   在花莲偏远地区小学举办艺文教学活动①

图 7-15   在花莲偏远地区小学举办艺文教学活动②

这里，笔者先分享偏远地区小学公益活动在流程上规划的步骤：

（1）先选定村镇。（以一趟主要干线加上一趟支线交通为主，必须考虑我们的团队是否可以克服交通上的问题。）

（2）再从交通可达之处选择几所学校。（我们的师资并不一定适合每一所学校。）

（3）把准备教授的课程及内容准备好。

（4）先以电话向这几所学校询问是否需要我们的课程。并询问主要负责人，将课程安排传给对方，作为评估和日后课程安排沟通的依据。

（5）了解学生课程上的需求。

（6）当对方学校确认愿意合作时，须进行第一次实地拜访，一是了解交通路线。二是了解学校相关环境，以进一步为学生专门设计课程内容，使课程融入当地环境知识。三是了解学校及附近资源，包括饮食和住宿，以不带给校方麻烦为主。

（7）在亲访后，告知学校方面，将进一步提供详细策划书。

在第一次亲访学校后，须召开一次团队会议，说明在拜访学校时所讨论的事项、学校附近地域环境特色与资源，以及问题和想法，并在团队会议中讨论和解决。接下来就是策划书的拟定了。

下面以丰里小学忆文活动策划书为例，说明策划过程（见图7-16）。

图 7-16　参加活动的小学生

活动名称："画我丰田"

主办：花莲丰里小学、罗东圣母医院

协办：财团法人福临文化艺术基金会、台北国画创作协会

背景

2015 年，花莲丰里小学的小朋友在老师的指导下，画出一张张精彩的图画，并且通过公益捐赠给罗东圣母医院，让学习有了不一样的意义。今年，丰里小学 120 位小朋友还要继续挥洒彩笔，除了练习绘画技巧，同时也要当一个说故事的人，介绍自己家乡美丽的土地，让人与土地亲近的温度，可以通过孩子的画笔，温暖更多的人！

课程安排是通过团体学习、共同创作，诉说心中美好的记忆，而这样的记忆不仅通过画画表达，同时也会让合作的记忆，定格在他们心中，让孩子通过团队合作绘画，学会分工、彼此尊重、创意分享。

活动内容

第一阶段：2016 年 6 月 6 日 "丰田的好声音" 丰里小学全校绘画活动。

第二阶段：推选 50 幅画作捐赠罗东圣母医院。

第三阶段：捐赠罗东圣母医院，捐赠仪式、画作展出。

活动预期成果

（1）希望孩子通过学习，学会如何完成一幅画作。

（2）借由捐赠活动让孩子体会 "施比受更有福" 的意义，并在日常生活中身体力行。

（3）希望孩子充满阳光的画作，给病人带去美好的祝福。

活动日程

课前资料搜集：

前一天到丰里小学进行调研，拍照做成 ppt，在课程中介绍并唤起学生对当地生活的记忆。

（1）丰田玉：矿场、矿石特色、产业历史。

（2）品尝：当地农产、当地食材、当地料理。

（3）住宿：当地民宿，欣赏优美景色。

（4）当地农耕特色：有机栽培农业，包括苦瓜、南瓜、水稻。

（5）参观与夜游：白天的稻香与晚上的萤火虫。

活动当天：全校一起进行，由于去年孩子希望有个别指导机会，所以今年接受学校建议，以小班授课的方式，学生在教室内画画，团队教师分到各班教画。

（1）第一次活动画作分享：报告第一次活动过程与成果，以及本次活动内容、捐献画作张数、展出地点等。

（2）"画与话"：绘画技巧、写作技巧教学，教孩子如何完成一幅画。

（3）绘画课：分组、正式绘图。

（4）评审结果、颁奖。

展览活动

（1）展览宣传：媒体宣传，介绍本次活动内容、点出偏远地区教育资源不均的现况和孩子们捐赠的意义。

（2）捐赠会：邀请两名学生代表参加捐赠活动。

网络纪录

活动开始到最后捐赠都做成网站，让所有的孩子一同分享。同时也带动更多的人投入，种下希望的种子（见图 7-17）。

图 7-17　获奖作品《我们暑假校园来了一只小黑狗》

为了宣传公益活动的效益，活动也提供了名为"丰田的好声音"的媒体新闻稿，希望让更多的人认识艺术下乡的重要性（见图 7-18）。

图 7-18　画作捐赠记者会

花莲丰里小学的学生虽然年纪小，但关心和分享的热诚却很大，他们挥洒彩笔，介绍自己故乡美丽的土地，同时也通过画作捐赠，让人与土地亲近的温度，可以温暖更多的人！

财团法人福临文化艺术基金会长年致力于艺术推广，今年再度与绘画老师到花莲丰里小学，让学童学习绘画和分享，以"丰田的好声音"为题，画出日常生活中令人欢喜的记忆。从画作中，我们看见孩子们充满想象：家里烧开水的声音、夏天炽热阳光下知了的叫声、大海翻腾的浪涛声、小鱼在潺潺河水中悠游的声音、花开的声音、树叶随着风发出刷刷的声响、同学们一起在操场荡秋千的笑声、自己最亲爱的小狗叫声，一幅幅图画通过绘画勾勒出生活在丰田的欢乐时光，让我们看见生命跃动与丰盛的景象。

小朋友在得知画作将到罗东圣母医院展览，各个都画得相当认真，每幅图画都融入孩子们的热情。而在 100 多幅图画中，老师们也精心挑选 50 幅画作，捐赠给罗东圣母医院，让孩子有机会学习绘画，同时把自己的美好，分享给罗东圣母医院每一位病人、家属与辛苦奉献的医疗人员，一起分享孩子心中的热情与祝福，和花莲丰田山海之间的阳光与欢笑声！

为了传递祝福，今年花莲丰里小学在校长张佩玉的带领下，现场还要表演两首歌曲：It's a small world after all（小小世界妙妙妙）、Jingle Bells（圣诞铃声），以纯真的歌声和乐曲，带来喜悦和祝福！

我们不仅教孩子绘画，也在一次次的活动中和他们建立起了良好的互动关系。每次活动结束离开时，小朋友都会跑来问我们下次再来的时间，这也就是我们持续举办的动力呀！

其实，这些孩子更需要的是关怀和鼓励，在活动过程中，老师对孩子们的称赞，以及点出他们作品的优点，都让他们对学习课程产生兴趣，这也是整个活动最大的成就。

第八章
文创设计

　　在中国悠久的历史文化中，充满艺术与美学的元素俯拾皆是。这些元素放在今天，虽然也美得令人赞叹，但要直接拿来印在衣服上或杯子上，就只能视为商品，因为设计者不了解这些文化元素背后的文化内涵，只是抠个图案，贴在物件上就美其名曰文创商品，根本是说不通的。其实，拟古、模仿并非不好，在进入文化意识的初级阶段，拟古、模仿是必须要走的路，笔者也跟学生们说，刚开始学习文创，需要先学习好的作品创作路径，进入创新层面，就要跳脱模仿更上层楼，就像学习绘画和书法，起初总是要临摹，之后才可能渐渐自成一家。

　　汉宝德在《汉宝德谈美》一书中点出："一个文明的社会，是建立在拥有美感的国民身上。"①美感是文明的基石，但学生在求学的过程中却甚少触及。笔者念书的时候，还有机会学习书法、画画、烹饪、缝衣、刺绣。这些学习对笔者日后走进古画、饮食文化、服饰研究有很大的帮助，但之后的孩子可就没有这些闲逸的时间，随着课业压力越来越大，孩子们学习美的时间越来越少，一天到晚在文字里打转。笔者曾经仔细观察班上的学生，大家衣服穿得很随便，发型也多千篇一律，这都是昔日缺乏美感经验所造成的。还好，上了大学，大家可以放下书本，以另一种方式习得文学文化中的精彩，所以，笔者时常在课堂上提醒学生，上文创课第一个要创新的对象就是自己，认识自己的个人特色、喜好，也要多多向经典学习。

　　为了让学生顺利通往文学文化之美，笔者第一个推荐给学生的是

---

① 汉宝德. 汉宝德谈美[M]. 上海：上海文艺出版社，2013.

多逛博物馆，仔细了解每件藏品的历史、使用情境、艺术内涵与设计理念。如果不能亲自到博物馆参观，也可以上博物馆的官网，从线上深度浏览展品。当然，现代网络十分便利，除了国内的各大小博物馆，还可以上网参观国际知名的博物馆，目前各博物馆对于展品多会有深入的介绍,有些博物馆还推出 3D 或 4D 的展品介绍,让展品栩栩如生。

众多横跨古今的藏品，为我们和中国文化之间提供最经典的触动，每件藏品丰厚的使用内涵与高超的制作工艺，都令人赞叹，却又因时间与知识的鸿沟，让人无法亲近。这里要介绍一个很有趣的微信公众号"展玩"，营运者以全球资深艺术体验者的身份，推荐全球各地展览资讯，不但整理和传递资讯，重点是他们深入浅出地为展览介绍，让位居博物馆高堂的文化艺术变得平易近人。

看过展品介绍，接下来当然是关注由这些展品发展出的文创商品，了解藏品元素的撷取与设计理念、文宣包装用语，甚至连营销方式也不能错过，如此清晰摸透从源头到文创商品一路的发展脉络，相信学生对文创商品策划也就有了最基本的认识。

文化的项目涵盖面很广，包括文学、建筑、雕刻、戏曲、绘画等，项目或有不同，但追求真善美的目的一致。中国人把这样的追寻融入生活文化中，让文化饱含养分。因此，无论在庙堂之上或民间宅院，文化的积累于焉成形，而中国的士大夫在"修身，齐家，治国，平天下"的过程中，也必须纳入这样的修为，才能在之后的人生路上顺遂。昔日的文人进入体制后，除了公事，个人的艺术修养也成了同僚交友往来的凭借，吟诗作画、题跋往来，这些文艺活动为日常生活增添乐趣，欧阳修的金石收藏，苏轼的藏砚，蔡襄创新小龙团茶，黄庭坚的焚香雅事，这些都促成了文人相聚艺文盛事，并拓展了文化之美。

今天我们谈文化创新，首先自己就要走进文化里，做一个地地道道的文化人，然后自然而然地体悟文化的美意，展现文化的魅力。

该怎么创新，展现"古中有今，今中有古"的传承创意，实在需要智慧和巧思，在 2013 年北京故宫博物院福建宫花园重建专著里，我们看见一座被火烧毁的花园复建，除了依照古建筑复原外，也加强了安全管理措施，纳入新的防火与照明设备，古韵犹存中，纳入新的科技和生命。另一栋延春阁在室内做了合乎当代需求的新设计，摇身一变成了一间富有中国特色与科技管理的展览厅，让老建筑有了更妥善的安排，注入新的生命力。

为了让学生感受传统文化对中国人生活所带来的影响，笔者特别就近带学生参观一栋清末民初中西合璧的闽式建筑："天一总局"建筑群。这是一间在漳州角美镇流传村的百年古宅，是中国第一间民间邮局，也是当时侨汇的重要据点，经营侨批、电汇、票汇，最盛时期，与北京大学未名湖燕园同列 16 个中国近现代重要遗产。当时中国有三分之二的侨汇在此经手，富裕的一家在经商致富之际，也斥巨资拓展了家宅，买田买地，又请了当时的一流建筑工匠。而家主人郭用中并非一般的商人，他饱读诗书，交友往来无白丁，当过小学校长，还在自家后院规划了一座"陶园"，自言有好菊之癖，实欣羡世外桃源的隐士生活，可见他实是一名儒士。

走在大宅中，我们看见处处尽是独特的建筑装饰性雕件，设计内容有诗文墨画，以及忠孝节义、晴耕雨读等的家教。这些雕件和墨画都与家族期许有关，内容并非一般所见，相信都是来自家主人的想法和要求，特别是其中一幅以青金石夯成的整面壁饰，内容以福寿为主，却大玩文字游戏。例如其中有一处的福寿篆字缺少的一边，从壁面的另一处窜出，整体寓意"福寿无边"，相当有意思。这样的巧思和创意，正来自对中国文化中福寿的期许，加诸厚实的文字功力，才转化出这样有趣的图文设计。

将从前的文化元素转换应用到当时当地，古人早已为之，我们只不过顺着这样的传统，继续开拓新天地，让文化的精致美好可以在我们这一代传承下去，带动当代雅致的生活，从而带动经济发展。

一、感性的诉求

提到文学和艺术创作，多半人很难援笔立就。毕竟，像苏东坡那样"吾文如万斛泉源，不择地皆可出，常行于所当行，常止于不可不止"的人，还是少数中的少数。大多数的人总需要经过一定时间的学习，佐以生命经验的积累，在某一个眼前景、心中事的触发下，打动创作的灵感，成就美文佳篇。至于绝大多数缺乏天时地利而创作不出佳品的事，也就更不足为奇了。

明代吴中四家之一的沈周（1427—1509）恰有一个故事，可以让我们一窥创作灵感的不易：

沈周出生于名门望族，家境富裕，家中所藏书画甚多。从小就喜欢书画的他，在临摹上下了不少功夫，长大后，不喜做官，不应科举，专心致力于创作上，从他的作品多有呼朋引伴游山玩水的内容看来，他的个性应该相当乐观随和且交游广阔，好人缘让他时常与朋友穿梭在如诗如画的吴中美景中。

家学底子为他奠定了书画技巧，游山览胜让他扩展了视野，少从陈宽学，后师承名家王蒙（1308—1385），在名师的指点下加上自己涉略广博，沈周很早就在艺坛上打开了知名度。在他 41 岁时创作的一幅《庐山高》（现藏于台北故宫博物院，幅开本 193.8 cm×98.1 cm），是沈周祝贺其师陈宽七十大寿的贺礼。画里高山耸立，仰之弥坚，就好比他老师的成就，而群山涧谷，山径悠远，则寓意自己学习路上的知性与乐趣，加上远方寓意"无老"的五老峰，气势自画中迎面扑来，写实兼具达意，令人驻足画前，屏息静观，赞叹不已。

师法传统技法，却又不拘泥于传统画作的题材与内容，这样的一位画家，当然画作内容很多元。他画作里的猫，就跟一般人画的猫不同，他的猫不仅写实，同时也流露个性，可谓形神兼具，让看画的人不爱也难。

沈周个性好、人缘佳，应该也是他作品内容丰富多样的另一原因。他的一篇《化须疏》，是沈周为没有胡子的友人赵鸣玉向美髯公周宗道劝募十茎胡子的作品。

"疏"，原本是臣下向皇帝陈述意见的文体，这里沈周借此一用，文章以"疏"为体，但内容都是诙谐幽默朋友间的笑闹戏言。沈周煞有其事地写了这篇文章，墨黑如金的字体，用典有利，御笔有神，亦庄亦谐，戏剧性十足。

喜欢跟朋友在一起的沈周，总是喜欢席间小酌几杯，尽管自己酒力不怎么样，却仍然乐在其中，每当稍有醉意之际，也是他最爱作画之时，这时候，若有灵感，下笔立就，当然最好，但没有灵感的时候呢？

大约是沈周 44 岁的某一个夜晚，他和几位好朋友聚会小酌，席间，每次见到沈周都要索画的刘廷美也在其中。他当然不会错过这次机会。正当沈周陶陶然酒醉之际，拗不过刘廷美的殷勤强求，只好提笔画画，但画什么好呢？

沈周这时候巴不得赶快画完好继续喝酒，好，那就仿黄公望的山水吧！这种画作他早已熟悉得不得了，几笔应该就能画完。无奈和着酒意，他的手早已经不听使唤，山水还算清朗，特别是以墨色描写山峰，相当别致率性。但到了落款题字时，这支笔根本握不紧，写的字，歪的歪、扭的扭，连他自己都看不下去。他在画作上自题自己这幅作品上的字，写的是"米不米，黄不黄"，既不像米芾，也不像黄庭坚，只是自己半醉半醒之间的作品，因此，他"掷笔大笑我欢狂，自耻嫫母希毛嫱"。这幅画作刘廷美铁定会带走，既然自己藏不住也毁不掉，应该要告诉世人为何自己画出这样的画、写出这样的字。于是他在题跋上清清楚楚写道："廷美不以予拙恶见鄙。每一相觑，辄荤挽需索不间，醒醉冗暇、风雨寒暑甚至张灯亦强之。此笔本昨晚酒后，颠口错谬，廷美亦不弃，可见索也。石田志。"他把自己酒醉时写的字，比喻成难看的女人，又说画作中有许多错谬之处，这种作品想必任何一位创作者都不愿意流出市面，既然会被带走，只好把这样的创作过程，用题跋的方式昭告天下了！

这幅《仿黄公望山水图》，让我们看见沈周这位大画家没在有创作灵感时应变的方法，以及古人以画交友中的趣味，同时也让我们了解，文化中的美感养成与对文化的认知，应该是一种习惯。

台湾地区的文创产业起步比较早，却也跌跌撞撞摸索好几年。特别是在大学院校，在文创蔚为风行之际，许多文学院都想转换跑道，但除了艺术系和广告系的教师有美学训练，其他院系的教师对文创内容与过程多是一窍不通。在汉宝德的书里有这么一段鲜活的描述："由学院训练出的教师们，除了艺术专业教师，对于美也是一窍不通的，最可怕的是'国民学校'的教师，在'国民学校'的阶段，教师所需要的学问是有限的，一切学习都应该自美的体会开始，可是我们的师范教育显然没有体会到这一点，他们以为美育就是要孩子学习涂鸦与唱歌跳舞。"

笔者在念高中时，曾经为了了解西方绘画雕刻，自费去学素描，那位老师很有名，费用也很高，但每周一次的素描，总在无尽的大卫头像里打转。老师要求很严格，一切以画得像不像为主，这样涂涂抹抹画了三个月，完全不知所画为何，最后干脆不去了。

单调的反复临摹，虽然口头上说是训练，但不告知方法，也不告知为何要画这个大卫头像，让人很迷惑。直到笔者日后在意大利看见这座完整美丽的雕像，才抚平自己早年画不下去的创伤。

多年来美育等同艺术的错误观念，让台湾在文创起步时走了冤枉路。在一次树德科技大学设计学院的采访中，卢圆华提到系所也遇到同样的问题，来自产业界的他自然马上看出问题点，找一批有产业经验和美学训练的教师，从实作和美感启蒙，弥补学生学习的困境。

汉宝德点出文学艺术和美不尽相同，从古代到 19 世纪，美包含了精神层面与技巧层面，我们一方面必须体悟技巧的高妙，另一方面又要洞悉内含精神气质的高贵。到了现代，美又演变成为一种生活的品位，走进实用，游离在精神与技巧之间，兼容美感与实用，让人在使用过程中产生愉快的感觉，就是文创商品的精髓。

二、美感的加持

谈到文创，"美"是主要课题。美感是中国文学文化里的灵魂，我们在论述文化艺术时也总离不开美，但什么是美呢？

美的定义简言之就是自然，顺着自然的生成，掌握生态，呈现的就是美。但古人不会一言以蔽之地谈美，而是通过事理层层谈美。苏轼在称赞文与可画竹的《文与可画筼筜谷偃竹记》中，谈到画竹的重点是要对竹子生长的自然姿态了然于胸，才能下笔展现竹子的形神之美。苏轼从竹子初生如蝉腹、蛇鳞般的小笋，长到直挺挺的几丈高竹，点出竹子生态随着时间的变化而有所差异，同时也点出这些差异是连续发生。一般画工只看到竹子的形，而忽略了竹子的生长方式，在画竹时自然无法展现神态之美。

创意与设计的逻辑是要从事物的本质出发，也就是要了解事物而后为之量身定做。汉宝德常常提到一个例子，就是 20 世纪大建筑师路易斯·康（Louis Kahn，1901—1974）曾经为一个小学执行设计建案。

设计之初，路易斯·康先到学校调研，观察教师与孩子们的互动，以及当地的自然条件。他在一旁看孩子们上课，听孩子们讲话，看他们在树下玩游戏，这些都纳入他的建筑环境中，因为思考的对象和本质，才是设计的重点。这样的考虑在台湾也获得应用，在台风灾后，严重受损的那玛夏民权小学重建，不再是昔日的水泥房子，捐资重建的台达电子校舍设计，融合了原民文化、环保、生态、教育，以及防灾、避难多重内涵与功能，从原民传统房子延伸，让校舍有家的感觉，采光良好、通风凉爽，尊重当地地貌。当地艺术家又使用台风后当地产生的漂流木进行校园原民文化意象创作，象征大地重生。

这家建筑师事务所另一间改建案例是台北市的北投图书馆，这座图书馆 2012 年被美国网站 Flavorwire.com 评选为"全球最美 25 座公立图书馆"之一，也获得 2007 年台北市都市景观大奖。这座图书馆坐落在风景优美的北投公园里，邻近温泉博物馆，有时会冒出硫黄温泉味的北投溪，和一座由供水系统解压阀改装而成的喷泉。由于是海砂屋，建筑结构有安全疑虑，必须拆除。重建规划时，馆方希望新的图书馆能成为绿意盎然的北投公园中的一景。

本案最有趣的挑战则是：如何把东面紧贴着建筑物的一排大榕树，由设计的限制变成建筑空间的主角，每层楼都可以看到这几株姿态万千的大树，而这些树也给建筑东面提供了很好的遮阳（见图 8-1）。

图 8-1　重建的北投分馆，位于树林与溪水间

（图片来源：都市彩妆活动）

北投分馆不仅外形亮眼，更取得绿建筑 9 项指标标章，包括斜屋顶回收雨水、ECO-ROOF 连接大地延续周围生物多样化设计、室外透水地坪让大地自然呼吸……北投图书馆不仅是阅读的所在，也是一间无墙生态教室，处处展现人性化环境友善的设计，使人享受阳光、空气、水的轻抚，令人时时惊艳。

学校是教育的区域，除了传授知识，教育的环境也是重点。古时候的中国人就深谙此理，因此在书院选址上，都选择风景优美之处，这是为了建筑内的使用者（师生）所需而做的考虑，当然也的确深深影响置身其中的每一个人。长沙岳麓书院的爱晚亭，正是依山取景的佳处，袁枚见枫林美景取唐杜牧诗句"停车坐爱枫林晚，霜叶红于二月花"点亮了这个亭子的雅致，不仅吸引众多文人停步歌咏，更成了观光景点，登上了中国四大名亭的宝座；很高兴，在现代建筑中，知名华人建筑师贝聿铭在苏州为中国现代建筑留下了经典之作。贝聿铭少年曾在苏州住过，美好的生活记忆让在他设计的苏州博物馆融古通今，建筑本体虽然采用现代化科技，但大片玻璃天井，让人置身其中，感受自然光线在建筑空间移动的快感，于是，白天的博物馆里并不需要开太多灯，这是源自中国人对于自然天光的尊重，而这份巧思正来自他少年在苏州园林狮子林的生活经验。

阳光是人类生活的要素，也在美感中扮演重要角色。笔者的一位摄影师朋友就曾经说过，有阳光的时候拍照才漂亮。当时笔者并不了解他话中用意，直到后来才渐渐体悟。阳光洒在物体上，让物体因为光线造成的明暗呈现立体感；光线还有强弱，通过距离还能造成层次感，这种相当于中国水墨画的墨分五色的效果，如果不静观，是很难体悟的。自然中的美感随处可见，美学的修炼也是随时随地可以进行的。

我们现今消费时，往往最先考虑价钱。商人为了降低成本而量产，基本不考虑美。但中国传统工匠在制作时，是将技艺与美感一起考虑的，光一个吃饭用的碗，不仅要在器形上合乎使用者的需求，考虑使用时的人体工学，更要考虑到整体美感，形塑成完美的器物美学，笔者常在课堂上展示一张照片，画面内容是陈列在美国大都会艺术博物馆（Metropolitan Museum of Art）里的一个钧瓷碗，为什么一个碗可以陈列在全球最重要的艺术博物馆里呢?因为它不仅器形优美、便于使用，更有"入窑一色、出窑万彩"的釉色变化，让这一只看似简单的碗，走进了艺术展示的殿堂。

钧窑的美，不仅在于色彩的变化多样，釉色的呈现方式更宣示了北宋科技的进步与匠人烧制瓷器的绝妙功夫。这种以独特的釉料配方及烧制方法所生成的瓷器，以窑色变化闻名于世，工艺秘诀在于烧制过程控制温度与火焰的变化，再利用厌氧原理，由同样的釉料釉色变化而成为深浅瑰丽的色彩。钧釉化学组成的特点与窑内燃烧温度的精准掌握，至今还未有定论，甚至还有其他不为人知的技术，诸如是否掌控窑内气流的方向等，留待世人探析。这样迷人的瓷器，是匠人、科技、材料、美学、经济种种条件下的产物，是文化的综合表现，因此，我们在撷取文化元素进行文化创意时，就应该深入地去了解这些文化元素的来龙去脉。

三、大学校园里的文创商品

文创商品可以创造商机，培养文创摇篮的学校单位，当然是学生们自我训练文创商品的首选舞台。学生从朝夕生活的区域，寻找大家共同的记忆，通过这些共同熟知的元素，创造具有实用价值的纪念品，还为学校带来商机，成为校园商店里的宠儿。于是，推出校园纪念品，就成了目前台湾高校的热闹状况。

台湾高校的校园纪念品原本起源于学生的毕业纪念品，印校名、校训、校徽、院徽等，多以简朴实用为主。之后，纪念品生意成为每所高校的热点，纪念品除了具有品牌形象的塑造、凝聚校友感情的功用，也能成为来校参访者的赠品，在创意井喷、文化加值后，成了高校生财有道的选项。

以台湾大学为例，一年一度的杜鹃花季，成了校园纪念品的主视觉，延伸出的各式文具，在图书馆贩卖部展现质感；台湾中山大学纪念品以余光中的诗句为卖点，一套铅笔售价约人民币 40 元，每支笔上都印着一句余光中的诗，是到中山大学的必买商品。东海大学知名的乳品，为学校创出上亿财源，而屏东大学的酱油，更进了知名百货公司的超级市场，文创的范畴不仅跳出文具服饰，更迈向了食品，天马行空的创意，也成了学生与产业接轨的最佳实验场。

现在就来看看几个案例吧！

案例一：台湾大学里的杜鹃花文创商品。

每年三月，台大校园里就会开满各种颜色的杜鹃，有白里透绿的

"雪白杜鹃",淡紫色的"艳紫杜鹃",白中带着淡淡粉红色的"粉白杜鹃",红得很艳丽的"大红杜鹃",非常特别的台湾原生的杜鹃,一片花海,姹紫嫣红非常漂亮。偶尔来场小雨,场景更是浪漫,校方就会在这时举办"台大杜鹃花节",逐步加入艺术展演、生态体验。

满校园的杜鹃花不仅妆点校园美景,成了台大学生在校的日常记忆,更发展成为整个台北地区春天里的一场盛会。学校把各种杜鹃花设计成"万用卡",简单又有代表性,材质采用 200 磅星云纸,纸张的厚度传递了质感。"万用卡"内含信封一份,卡片可使用印表机直接列印,适用各类型邀请卡。这张卡片售价约人民币 9 元。适用的范围很广,具有台大校园的代表特色(见图 8-2)。

图 8-2   万用卡以台湾大学校园年年盛开的杜鹃为设计元素

案例二:记忆台大印花餐垫——植物款

在环保意识风行之际,随身携带自己的餐具成了一种习惯。台大这款印花餐垫自推出以来,就广受校友和师生们欢迎,其不仅具有环保概念,还结合台大特色和台湾印花技术两个特点,不论送礼或自用,都是相当不错的选择。

餐垫一共两款,分别以台大的古迹建筑群以及植物花卉为元素,作品以插画方式呈现。植物款的使用粉红色为底,以深绯色为图案,采用的花样都是校园里具有特色的植物,如苦楝、穗花棋盘脚、杜鹃花、大王椰子、鸢尾、山樱花、大波斯菊。只要把餐具放在软布餐垫里，不占空间，随身携带很方便。餐垫内还附上一对南投竹山餐具，也很环保，用餐时，看着垫子上的花样，回忆着校园的时光，仿佛自己又年轻了起来。台大有农学系，起初为了教学目的，校园里种了许多台湾原生型植物，是别的地方看不见的，像"穗花棋盘脚"，长长的一条花穗只在晚上开花，每逢花开的夜晚，就会在校园看见许多学生和慕名前来的民众围在"穗花棋盘脚"的四周观察、拍照。

　　这些原生植物对学校具有代表价值。学校的农学院致力于保存原生种植物，不仅在课本中习得相关知识，更在校园里复育，成为学生上课往来路上的一抹记忆。这些植物对台大有特殊性，也在学生求学过程中产生意义，或是在花开的季节邀同伴赏花，或是在草地上用落下的花瓣拼个爱心，或是以花为题写首诗。总之，花开时节总是能在生命中烙下记忆（见图 8-3）。

图 8-3　以校园特有的动植物为设计元素，可以展现文创商品的独特性

　　校园植物在种植上，往往具有特别的意义。中国人认为教育是百年树人的大业，植树，成了具有特殊内涵的行动。而种什么树，当然也是有意义的。笔者在闽南师范大学教书，校园里就有几棵是与他校学术交流而种下的友谊树。

案例三：丈量台大卷尺

图 8-4　卷尺上，依序印上院系成立时间

　　如图 8-4 所示，这是一款由校史部设计的文创商品。柔软的卷尺，是学生随身携带的铅笔盒里常见的文具。台大校史部结合学校历史，将学校各院系成立时间，依序放上，很有时间感。

　　原本卷尺在市面文具店随处可见，校史部仅在尺布上做小小的设计，十分别出心裁。

四、社区营造的新财源

　　文创的展现，不仅在博物馆里，也在一般人的生活中。最具代表的，就是社区营造的文创产品。

　　社区营造以一个社区为基础，范围并不固定，主要靠当地的人力、物力进行社区自主管理，大家无私奉献，让社区环境、安全获得改善，进一步再利用当地的资源和特色创造财富。这里介绍几个社区营造的成功案例：

　　台湾地区中部的嘉义新港乡板头村就以交趾陶作为社区营造的媒介，以当地交趾烧剪粘工艺美化社区公共空间。

　　交趾烧剪粘工艺在今天福建红瓦厝的屋脊上以及庙宇装饰中随

处可见，内容多以民间神话、忠孝节义、吉祥图案为主题，在老师傅剪、黏、嵌的手艺中，呈现精彩生动的立体装饰效果。

剪粘工艺最初相传是以破碎的瓷器为之，是为了延续雕梁画栋的装饰效果，但一般矿物彩在户外施工时效果受限，换成釉烧瓷片，解决了这个问题。这项手艺相传是一个师傅在施作时，不小心把喝水的瓷碗打破，他看见瓷碗的花样漂亮，随手把破碎的瓷花贴在外墙，没想到装饰效果极好，逐渐发展出一门手艺。

低温釉烧色彩鲜艳，让剪粘的作品在屋脊上华丽亮眼，但现在的水泥房子以瓷砖铺面，交趾烧剪瓷工艺已经无人使用，仅有少数庙宇还看得见。为了不让这项传统手艺失传，嘉义新港乡的手艺人将剪粘工艺以可爱的卡通和农村主题引进社区公共空间，充满童趣顽皮的孩子、老牛、小狗，在盛开的牵牛花丛中嬉闹，一幅幅农家乐在街头巷尾出现，从屋脊走上街头，创新的应用、当地生活的内容，让这门手艺又活了起来。新港乡以剪瓷营造社区美化的成功因素，在于当地的传统手艺与艺术家的导入，相较于一般由民众自发的社区艺术彩绘，这样的成果显然是成功的（见图 8-5、图 8-6）。

图 8-5　剪瓷手艺来自传统技艺，通过艺术家的参与设计，
成为社区营造中的当地特色①

图 8-6   剪瓷手艺来自传统技艺，通过艺术家的参与设计，
成为社区营造中的当地特色②

笔者要举的另一个成功案例，来自台北文山区忠顺社区，是属于城市型的社区营造成功案例。

2008 年 5 月，笔者因为参加台北市的"都市彩妆"征选活动，走进景观设计师推荐的"忠顺社区"。那一天，笔者对社区营造的印象，有了 180 度的转变。

笔者永远也忘不了那一天从兴隆路走进巷子里，第一眼看见被可爱壁画包围的"超乎想巷"，画在墙壁上的狮子和大象，不仅颇有特色，整条干净的防火巷道，更让人不难体会人们对这里爱护有加。

那一天，曾里长陪我走遍社区的大街小巷，仔细地介绍了这些巷弄之间的作品，从"超乎想巷""女儿墙"到"安心步道"，沿途住在附近的叔叔阿姨也都亲切地和里长寒暄，不时还碰到社区巡逻队员骑着脚踏车巡守，让人觉得住在这里很安心、很愉快。

2008 年，忠顺社区果然拿下都市彩妆整建维护类公有建筑物周边环境金奖。这个荣耀不仅代表当地学界对这个社区营造的肯定，同时更是一种鼓励。

颁奖典礼上，个性爽朗的曾里长娓娓阐述了社区营造的想法和做法。她和我们印象中的里长很不一样，让许多人对社区营造有了新的认识。诚如曾里长自己所说，当初自己决定要做里长时，就自许要做一个不一样的里长。这几年来各城乡积极推动社区营造，忠顺社区的确跳脱出一般社区的经营框架，以结合社工与社区艺术家为主，兼顾公共空间美化与安全，打造出不一样的美好的居住环境。

2008 年的金奖不仅是一种鼓励，更是一种启发。2009 年，积极的曾里长在既有的经验和成果上，继续扩大社区美化计划，延续忠顺好印象的安心步道，还加上社区彩绘马赛克拼贴，让这一条街换上新装。

这场结合公共工程、社区艺术与假日活动的大型计划，巧妙结合了社区志工、社区艺术家，建立了一套当地经营、分工合作的完美历程。2009 年，当马赛克刚拼贴完成时，笔者曾经走访过刚刚完工的人行步道，恰巧遇见一位居民经过，他刻意绕过马赛克砖，口中还不停地赞美，看在笔者的眼里真的非常感动。

社区共识下，社区文创产品也应运而生。在忠顺社区的办公室里，有一个陶艺展示区，里面放着大大小小的陶杯、陶盘，这些非常有艺术感的作品，是热爱艺术的忠顺社区为居民们开办的陶艺课的成品，指导老师正是住在里上的陶艺家胡维泽。胡老师选择了日常使用的陶杯为主题，既小巧又实用，大人小孩都容易上手。

做了陶杯后，大家还为陶艺作品做了客家花布提带，打扮得漂漂亮亮。胡老师教导社工们以制作的陶杯取代纸杯，放在办公室供访客使用，这款作品也成了最能代表特色的伴手礼！

这里有一位陶艺家，社区里又有好多喜欢绘画艺术的朋友，这让陶艺课叫好又叫座。那么，自家的公共环境改造，何不就让胡老师带着大家一起美化环境！

这个想法果然得到响应，通过好玩又有创意的陶艺作品，居民们画出一个个社区故事，让公共环境多了一份亲切熟悉的归属感。于是，诞生了里内的"超乎想巷"和"忠顺壁画"，让原本冰冷的挡土墙，变成了生意盎然的壁画。大家还设计了一套能够发挥社区特色的"陶瓷钥匙圈""陶瓷项链""社区路牌""住家门牌",这让大家玩得乐陶陶。

现在,忠顺社区不但在社区营造方面常常获奖,吸引从南到北许多社区到此观摩,乐于分享的曾里长,更把她的经营之道,拓展到了福建平潭上楼村。两年来,她带着团队分享社区营造的技巧,除了社区安全、整洁之外,也带进艺术元素,2018 年邀请台北的画家到上楼彩绘公共空间,让两岸一家亲有了不一样的交融。在此之后,她又让室内设计师把村里最有历史意义的百年石头屋改建成社区活动据点,准备一步步发掘当地元素,发展社区文创产业(见图 8-7)。

图 8-7　台北忠顺社区与福建平潭上楼村结对子,分享社区营造经验

五、天一总局的文创成果

漳州也有不少文化古迹。2018 年，笔者带着学生到国家重点保护单位"天一总局"调研，并将其纳入课程，指导学生。

"天一总局"1880 年在漳州角美镇流传村设立，是中国第一家民间邮局，服务范围遍及东南亚，具有开创性。它所建立的信汇流程，严谨可靠，照顾了广大中国同胞的实际需求，并以诚信经营建立了商业信任，以智慧仁爱拓展了家族兴旺。最盛时期，它经手全国 2/3 的侨汇，而经营者在兴业之际，也不忘富而好礼，将诗书教化、乐善好施的传统美德融入事业中，兴学济贫、教忠教孝，庞大而独特的文学文化建筑构件，精美的雕刻、墨画、书法、彩绘，皆有当时名流参与其中。荟萃传统又纳入新元素，承接中式建筑与空间对话的设计理念，又能充分展现兼容中西的创新智慧，有经商者的细致周全，又有文人的治园情怀，堪称是闽南建筑近百年来的经典之作。

笔者希望学生们借由认识天一总局建筑群中的历史文物，进行文创商品设计，学会一门知识，同时引发世人关注这些建筑艺术的重要与美好。

笔者的教学步骤是：

（1）对建筑背景的全面介绍：包括天一总局的时代背景、二位重要经营者、经营历史、目前现况。

（2）建筑特色：闽式建筑介绍、建筑装饰性雕件介绍。

（3）中国传统吉祥图案介绍：学生主要是针对建筑内的元素进行探析，这些大部分是传统中华文化的吉祥图案和故事，学生们必须了解这些图案代表的意义，才能进一步发展出文创商品。

（4）家族故事：郭有品与郭家的故事。

（5）学生针对现有相关论文著作进行资料搜集。

（6）现场拍照建立档案。

（7）通过教师讲解了解建筑内的文化内涵。

（8）以天一总局建筑元素制作文创商品。

（9）学习文创商品策划与制作流程。

（10）手作，扎实完善学习创作技巧。

很高兴，学习成果是丰富的、动人的，学生通过实地采访天一总局经营者后代，从不同方面撰写了这个家族的过往，而其中有许多资料是从来没有出现过的。

5位同学一共制作了6个文创商品，分别是："如花似锦"链坠组，"专心读书"簪式书签，吉祥图案书签，"百年天一"便利贴，"福寿无边"纸胶带，"花样年华"吸水杯垫。

"如花似锦"链坠组是以大厝浮雕瓷砖为设计主视觉，设计开发的多用途坠子，可以系在U盘、钥匙圈上，也可以当成链坠（见图8-8）。

浮雕瓷砖是天一总局相当特别的建材之一，它来自英国，在没有机器量产的时代，压模和上色都是以手工完成，这就是为什么每片瓷砖都呈现立体图案的原因。也因为片片花砖采用手工上釉，窑烧后的颜色都不尽相同，呈现深浅浓淡的变化。这些漂洋过海的瓷砖，大大小小共有十几个花样，从大厝外一直沿着中轴线沿着墙壁铺陈到宛南楼的尽头，位置明显又好看。尽管生产于1900年前后，至今仍然颜色鲜艳，彰显了郭家的富有，而且及腰的花砖墙壁好像一路繁花盛开，让人感觉走在如花似锦的前程中。

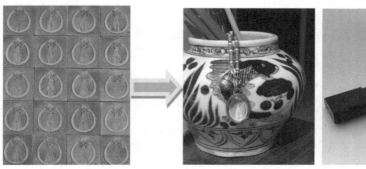

图8-8　"如花似锦"链坠组（设计者：简舒婷）

另一位学生以花砖的中心图案作为文创元素，因为是花砖中心图案，就有了"专心"的意义，想到读书应该要专心致志，就把这个元素设计成书签。因为读书要专心，所以这款"专心读书"簪式书签设计得非常有趣又有意义（见图8-9）。

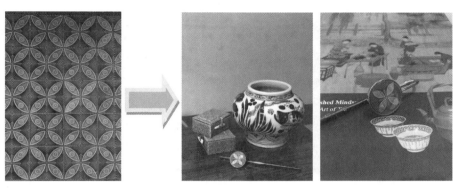

图 8-9 "专心读书"簪式书签（设计者：刘圆圆）

大厝里有许多吉祥图案，学生在了解中国传统吉祥图案意思之后，选了"喜上眉梢、吉祥如意""一路亨通、家大业大""福寿双全、大吉大利""前程似锦、白头偕老"做成木片书签。由于原始图案多处毁坏，必须先拍照再进行影像处理，以描图的方式解决影像残缺问题，再以激光雕刻在木片上，又因为背景颜色问题，四款效果不尽理想（见图8-10）。

图 8-10 吉祥图案书签（设计者：陈彬恋）

　　"百年天一"便利贴是以天一总局外观与大厝的百花门为主视觉（见图 8-11）。天一总局建筑具有历史意义，现在又成了国家重点保护单位，既然我们以天一总局为文创商品设计对象，自然应该要推广一下主建筑。便利贴内页是对开的开法，很像是打开两扇门，因此把大厝最漂亮的百花门设计进来。当然，学生在商品包装里还必须添加商品说明，介绍百花门的内涵。天一总局建筑雕件精美漂亮，除了工艺精湛，在设计上也寓意巧思。以百花门来说，位于天一总局的大厝里，采用三层立体透雕：上面的牡丹代表富贵，天一总局在追求富贵的同时也不忘坚守道德，一旁的梅花正展现着君子爱财有为有守的节操，下面的花瓶代表平安，与一旁的大象整体寓意太平有象。郭家人做的是海外生意，因此，全家人不仅祈福全家平安，更祈福国家太平，这样，海外的事业才能越做越大。

图 8-11　"百年天一"便利贴（设计者：陈彬恋）

　　"福寿无边"纸胶带是撷取大厝中庭天井四边的墙壁的图案。大家第一次看见这面墙时根本不上心，一是看不懂篆字，二是不了解读书人喜欢玩文字游戏。这面墙位在大厝的中庭，又在天井下，是大厝重要的位置，在这里的建筑装饰最多最繁复，一砖一瓦都不能忽视，更遑论是延绵主屋的两道主墙。笔者以其中一个福寿两个字衍生出"福寿无边"加以解释，一位学生就以此作为设计理念，设计了"福寿无边"纸胶带，把无边的意思做了另一种发挥，非常好。只可惜成品不好撕开，粘胶又会粘到手上，需要进一步改善（见图8-12）。

图 8-12 "福寿无边"纸胶带（设计者：廖坤钦）

最后一样是"花样年华"吸水杯垫。花砖的花样非常好看，我们想要这样的喜气走进日常，而漳州人爱喝茶，因此学生设计了此款吸水杯垫（见图8-13）。

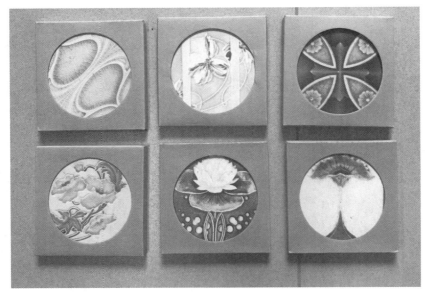

图 8-13 "花样年华"吸水杯垫（设计者：詹董滢）

六、博物馆里的商品部

　　文创的创意泉源来自文化，这包含历史文化和当代文化。这两种文化元素无处不在，最丰富的地方，当属博物馆。

　　1989 年 10 月，笔者第一次踏进北京故宫博物院，在金秋时节，阳光洒在金黄的琉璃瓦上，高大的城墙、红色的城门，整个空间壮丽威严。最让笔者印象深刻的是中国明清宫殿建筑的建筑形式和特色，不再是通过文字描述来认识，中轴线上的太和殿、中和殿、保和殿里的陈设，也体现了内部装饰与空间安排的意义。特别是太和殿内宝座前两侧的宝象、甪端、仙鹤和香亭，以前都是看局部的图片，到了现场，感受物件大小、摆设位置以及其所代表的意义，这和文物放在橱窗里给观众看的感受和启发是不一样的。受限于馆方场地以及对馆藏的保护，不是每个博物馆都有这样的展出条件，但这种"实境"的展示方式，的确越来越多。南京博物院的"竹林七贤"画砖、苏州博物馆的书房、上海博物馆的格窗，这些用心布展的方式，让观众得到更多的感动。学生到博物馆参观可以一边浏览古物，一边留心布展。

　　十年前，走进博物馆的人还不多，大家和展示柜里的国之重器，仿佛隔着遥远的距离。直到近几年文创商品的发行，才让人猛然发现这些珍贵国宝可爱实用的一面。

　　博物馆里的展品大多是昔日皇室贵族的生活器皿，或是帝王搜集的古玩藏品。它们代表了当时的生活态度与美学，是我们亲近和学习的对象。但这些藏品毕竟离我们有一段时空与学识的距离，通过博物馆人员的巧妙设计与宣传，我们才得以走进这些古代的美学范畴。

　　台北故宫博物院的"朕知道了"纸胶带，是这场博物馆文创商品畅行的第一响轰天雷。在以往，博物馆的文创商品多以复制品为主，追求仿真是重点，其昂贵的价格、不容易和现代家具搭配的样式，让这些商品曲高和寡。钥匙圈、明信片、T 恤的出现，才稍稍让商品部有了人气。直到"朕知道了"纸胶带出场，商品部摆放纸胶带的一区，简直成了百货公司周年庆的人气花车。

博物馆的文创以博物馆馆藏为主视觉，商品背后传达的用意，不仅是商业利益，更多的是文化传承与发扬。我们看北京故宫博物院的文创商品城，每一件商品不仅设计精巧，实用有趣，而且还尽心尽力地在营销中传递其中的文化内涵。

在地方博物馆方面，苏州博物馆的文创商品是笔者希望学生多多关注的对象。

苏州博物馆是华人设计师贝聿铭的经典作品，从建筑外观、室内外空间营造到展品陈列，都相当富有创意。笔者记得第一次走进苏州博物馆时，就被它的空间构造所惊艳，阳光从高、低、中和远、中、近不同的角度投射，营造出灯光所无法演绎出的美感。苏州是贝聿铭小时住过的地方，他对那边的阳光、空气、水都十分熟悉，更有他生活的记忆。因此，他所设计的博物馆，就像一座私人会馆，贝聿铭像欢迎家人一般，迎接每一位参观者。熟悉，是创作的底蕴。因为对文化与生活的场所熟悉，在空间安排设计上也就能巧夺天工。这个博物馆的精彩随处可见，整个建筑在一天中因为光线、温度和风的变化，营造出不一样的感觉，真是舒服极了。

苏州博物馆的文创商品部叫作"艺术品商店"，笔者觉得这个名字取得很好，这里的东西很有苏州的味道，制作都非常精致。笔者在里面当然也买了不少东西，手帐、丝巾，都是用来送礼的，其中还有一个很有创意的抹茶饼，根据官网介绍，它是选取馆藏代表性文物"秘色瓷莲花碗"制作成的"国宝味道之秘色瓷莲花碗曲奇饼干"，抹茶口味的设定使饼干的颜色和文物实物接近，国宝味道的概念，使观众购买和食用过程充满奇妙趣味，不知不觉与国宝文物发生了一次互动。此款文创产品荣获 2014 年中国博物馆文创产品优秀奖（见图 8-14）。

图 8-14 "国宝味道之秘色瓷莲花碗曲奇饼干"创意来自馆内藏品
〔图片来源：苏州博物馆网上文创店〕

许多博物馆都制作了饼干一类的文创商品，但这个饼干特别有意思，从颜色到外形，都跟馆藏代表性文物"秘色瓷莲花碗"十分相像。微甜不腻的口感，可以感受到设计者的用心和对食物严格的管控，承袭了苏州人对点心的考究。饼干之外，苏州博物馆也制作了"莲花碗花钥匙"，两款商品各有支持者喜爱。

从创意到文创，发展路径很多，创意空间很大，重要的是从开始到结束都存有美意。通过工艺把关，让消费者可以从商品中感受到设计者最初的用心，达到曲终奏雅的和谐互动。

第九章
为文创商品做好包装、宣传

从纸上策划到文创商品制成，对于学生而言是很大的成就。在课堂上，学生从一片茫然，几经修改，到最后完成作品，大家不仅学习到制作前的策划思维方法，同时动手实践，在过程中真正了解策划时天马行空构思的实践可行性，在日后从事文创策划时，可以让思维更加缜密。

当然，有好的商品，接下来还需要做好包装、妥为宣传，吸引目标消费群，告知其购买方式、购买地点，让商品可以销得出去，让创意带来生意。

接下来这一章要提到商品包装、商品宣传以及在其中最常用的为商品拍照的小技巧。由于市面上这一类型的参考书籍相当多，本章主要从中文系学生的角度着手，强调说明书、文宣撰写与网络经营等市场上多由中文系学生担纲的工作，希望为中文系学生提供更深入细腻的实践操作重点。

至于在销路上，学生可以先从不花钱的渠道着手，本章会介绍几个学生经验以供参考。至于微电影、新闻稿，也都是小成本大效益的宣传方式。希望通过本章的学习，辅助学生做好准备，使之勇于尝试创新创业。

一、商品包装

在谈论包装之前，笔者想先谈一谈包装的重点是什么，可否兼顾美观、实用、环保。

在生活经验中，买一件东西，拆开包装后，用于包装的纸和塑胶袋、尼龙绳等，多半都被丢进了垃圾桶，不仅不环保，而且也浪费。因此，笔者时常想，如果包装很简单，用材很环保，还能重复使用，这不是很好吗？

先看看古人的包装是怎么做的。

我们看历代皇帝用的玉玺，有木盒、玉盒，除了收盛物件，也有装饰保护功能。装珠宝首饰的首饰盒，装文具的各式文具盒，具有实用兼典雅的双重功能。最重要的是，绝不会有用不到的包装，甚至连装饰都有实质功能，例如中国书画"装潢"技术，是我国书画装饰保存特有的一门传统技艺，书画须经繁复的装潢，才能挂起来欣赏、阅读和保存，换句话说，经过装潢的加持，书画才能登堂入室，成为一件展品。明周嘉胄《装潢志》曰："装潢者，书画之司命也。宝书画者，不可不究装潢。"这种技艺，不仅可以包装书画，书画也靠此修补、清洁，延长艺术品的寿命。因此，包装需要考虑的范围很广，而不仅仅只是把物件包裹起来。

苏轼在《书许敬宗砚二首》（之一）提到砚台用铜盒盛装："都官郎中杜叔元君懿，有古风字砚，工与石皆出妙美。相传是许敬宗砚，初不甚信。其后杭人有网得一铜匣于浙江中者，有'铸成许敬宗'字，与砚适相宜，有容两足处，无毫发差，乃知真敬宗物也。"许敬宗（592—672），唐朝的宰相，颇有文采，为唐十八学士之一。他的砚台即以铜盒包装，砚台是石头材质，怕磕坏了，并考虑安置这块砚台的两足，所以在外包装上，采用厚实又能为两足塑形的铜质为之。

古人在包装上的用心和巧思，令人赞赏，相信也很适用于今日文创。在设计包装时，先考虑实用环保，再顾及美观，过多的包装，不仅浪费，也会带给人不专业的感觉。

包装中，有些必须要呈现的元素，不能忽略。例如产品名称、材质、使用说明和注意事项、制作者（单位、公司）、生产日期等商品资讯。学生可以参考类似性质的商品。

近几年，全球有不少青年返乡从事农作，种水稻、青菜、水果，都是强调有机栽种。有机虽然立意很好，但面对病虫害其实很辛苦。

在花莲从事有机栽种的安琪无奈地笑着说，虫吃剩下的才轮到人吃。其中，鸭间稻是农夫效法昔日农夫在生态有机稻田里，放养鸭子吃田间的虫子的农法。一群鸭子在田间摇着圆圆的身躯，眼尖口快地吃着小虫，让农夫省了很多事，是勤奋认真又不会罢工的最佳帮手。听农夫说，其实早先农村就是这样种稻的，后来因为化肥和农药方便有效，就逐渐取代这种生态种植方法。之后，福寿螺对田间水稻造成危害，农夫对化肥和农药的依赖越来越重。尽管化肥和农药的用量都会控制在标准安全量下使用，但对生态的影响却是无法估计的。

　　在还原生态的思维下，越来越多农夫有了让鸭子重返田间工作的想法。而种出的稻米外包装也经过一番设计，第一个区别是传统、古朴又环保的外包装，传递这群新时代农夫生态环保的理念，同时也有别于市场现今塑料袋的包装，在视觉上有了区分；第二个区别是包装变小，吃多少买多少，不浪费食材。以往都是大家庭，但现在有许多人外出工作，或是自组小家庭，往往吃不完一整袋米，最后长了米虫不能吃，怕浪费，就干脆不买米。为了吸引更多人吃米，包装容量上也做了改变，加上每颗米粒都经过重重把关与仪器检验，在新鲜度、口感、食品安全上，都有完善的保障，大家愿意多花一点钱买（见图9-1）。

图 9-1　现今包装追求设计与环保兼顾

从商品到包装，从源头到消费者手中，我们可以发现包装是商品的代言，是一个不能忽视的角色。包装必须与商品传达一致的特色理念，让商品会说话，吸引消费者的目光和购买欲（见图 9-2）。

图 9-2　学生作品："木里行舟"木制书签（设计者：唐思佳）

在包装上，其实还有许多学问，除了材质上的考虑，还有色彩和图样。色彩和图样其实也是一种表征，例如，黄土地的颜色予人一种质朴的感觉；桃花的颜色让人感觉浪漫；客家的大花布图腾非常有视觉上的代表性。现今企业也都会利用这些视觉辨识与记忆，设计企业识别系统，里面就规定了代表企业的颜色与运用方式，就是利用颜色的一致性，增加识别度与消费者对商品的记忆。

二、商品宣传

文创商品做好了，接下来就是要精准地宣传，让商品讯息传达到目标消费者手中，让商品最终可以销售出去。不过，由于商品宣传通常是需要花钱的，在策划时，必须先评估目标消费群在哪里，渠道的有效性，预期各个文宣品的目标达成率，以及最重要的——到底自己有多少经费。

目前常见的商品广宣包括平面文宣（杂志、广告、海报、手册）、道路宣传（人行立牌、挂旗、招牌）、网络宣传（网络广告、网志、官方网站、朋友圈、公众平台）、上市新闻稿、微电影。

这些方式都是目前市面上较常使用的，可以从中选择适合和必需的项目制作。学生因为经费欠缺，可以突发奇想，以不一样的宣传方式、宣传渠道进行。下面就来分享一些有趣又有效的创意营销案例。

笔者的一位朋友制作了手工家事肥皂，简单的油加碱加热制作，就是最传统的肥皂做法，主要诉求是环保、不污染生态，其中又含润手的甘油。手工家事皂的成分很简单，主要成分为水、椰子油、氢氧化钠，是手工皂中制作最简单的一种。制作手工皂使用的工具也很简单，如家里不用的不锈钢锅、大勺子等，就连最后装皂入模，也可以用喝完的牛奶纸盒（见图 9-3）。

图 9-3　制作手工皂所使用的器具，都以实践环保为主要诉求

家事皂主要是做家务用的，洗衣服、洗碗、洗抹布都行，而且保留其中甘油成分，洗起来手不会干涩，虽然比较碱，去污力强，不适合洗脸，但笔者因为是油性肌肤，也会拿来洗脸洗头，取代瓶瓶罐罐的洗发精。因为自己用得很好，又很环保，所以笔者很乐于帮忙宣传，但我们没有宣传经费。于是，我们决定采用"试用"的方式，我们先从左邻右舍愿意试用的开始送试用品，并且非常详细地介绍家事手工皂的制作材料、与一般市售家事肥皂的差异、使用范围和注意事项。除了试用，我们也烦请他们反馈使用心得，帮助我们后续改进。

之后，笔者又拿试用品到台北文山区忠顺里的社区发展协会介绍，笔者认识这个社区的里长、总干事和许多位志工，他们都热爱环保和手作，是笔者心目中理想的消费目标群。当笔者一打电话请他们试用手工皂，他们二话不说就同意了，最后还邀请笔者的朋友到社区教手工皂课。

"试用"是一个让商品直接跟消费者接触的宣传手法，但不要太逼迫人试用，否则东西还没卖出去，倒先给人一个不好的印象。笔者的第一次试用经验是在美国，那时候在超级市场购物，现场会有一个专门放兑换券的地方，兑换商品琳琅满目。有的是商品折价券，有的是免费商品试用券，这两种笔者都用过，在买与不买之间犹豫时，一张折价券往往会让人决定试一下。"免费商品试用券"是笔者觉得比较新奇的，当时免费试用的商品是新推出的洗澡肥皂，它的条件是：只要购买商品后，剪下商品包装盒上的条码，与发票一同寄回厂家，厂家就会退回一张与商品价格等额的支票，也就是退还购买的钱，让消费者免费试用。这种免费试用的方法笔者个人觉得很好，没有压力。美国市场大，人工贵，雇一个人到商场摆摊，还不如用这种方式接近目标消费者，而笔者也因为这样，成了几项商品的忠实用户。

互联网兴盛的时代，电子报和微信公众号等，都是学生可以尝试长期经营的平台，最主要的挑战，是要定期更新与长期经营。也正因为这样的模式成本较低，很多人都推出自己的公众号。面对一堆朋友圈的公众号，要怎么提高自己公众号的点阅率，也是一件需要费心策划、用心经营的事。

三、宣传新闻稿

新闻稿是用于媒体宣传的文稿，学生的商品虽然不需要媒体传播，但也可以先试着练习。文创商品新闻稿主要是介绍商品上市活动中的事件，也就是具有新闻性的消息，商品上市、商品促销、商品换新包装、商品销售突破预期数量等，都是值得传媒报道的内容。

这里，笔者举一个例子，是笔者与学生的学习成果展演活动的新闻稿，刊登在闽南师范大学中文系的院讯中。

文学院举办天一总局学习成果发表会新闻稿

日期：2018-06-24

6月23日上午，文学院在博西梯一教室举行天一总局学习成果发表会，面向社会展示天一总局所蕴含的深厚文化内涵、学生的学习成果与实践心得。文学院副院长杨娟娟、课程指导教师高显莹、漳州台商投资区综合服务区主任洪明辉，以及片草堂、三古咖啡等公司代表出席了本次活动。

天一总局位于漳州市角美镇流传村，自1880年建立，历经创建、拓展。为了让学生深入了解这段尘封的历史，并通过实地采访，将课程学习与写作技能结合应用，文学院决定由课程指导教师高显莹带领"微制作概论""新闻写作""区域人文地理与写作""传记写作"专题课程的部分学生亲自造访天一总局。学生通过资料搜集，了解创办人郭有品诚信经营的始末、华侨在南洋兴业的历程。置身在天一总局的宏伟建筑中，他们都相当兴奋，体会到建筑群中所融入的深刻文化内涵与融情入景的写意。

此次天一总局成果发表会以"诚信永流传"为主题，意在彰显天一总局诚信经营的理念，点出中国第一家民间信局源自漳州流传村。通过实地访问，学生不断发现惊喜，这历史璀璨的一幕，也感染了他们，让他们创作出传记创作、区域人文历史资料、报道文学、微电影、舞台剧。发表会现场除了展现学生学习成果，其精彩生动的内容，更让社会大众见证天一总局的瑰丽与不朽！

本次活动内容包括师生讲解、作业展示、微电影放映、舞台剧表演、文创商品展览，展现了学生的学习成果与创意，以学生独特的视角，发挥专业特长，深化大家对于天一总局的历史认知，从而深刻挖掘天一总局所蕴藏的人文内涵，歌颂诚实守信的新时代精神。

天一总局作为我国近代邮政史有记载的第一家民间邮局，主要以收送华侨银信为业务，曾以其规模之大、信誉之佳称霸东南亚半个世纪，后因经历金融危机、军阀战争等困境不幸倒闭，但其遗留下来的宏伟的建筑群、科学的经营模式，以及诚信精神，都使它在尘封的历史中熠熠生辉。文学院师生借此次发表会展示学习成果的同时，通过不同角度陈述侨批历史，追忆天一总局昔日的辉煌，宣示对建筑史料保护的决心，并以此唤起大众对于历史文物的爱惜与保护。

历史在时代潮流中慢慢消散，天一总局的牌匾也被风雨磨平了棱角，只有不断地学习这一段历史，才能体味郭氏后人的这份执念，才能在新的时代中延续这一种精神，创造出新的辉煌！（见图9-4）

图 9-4　天一总局成果发表会由课堂中的两位学生担任主持

四、摄影技巧

影像是展现文创商品时不可或缺的一项，它能呈现文字无法表露的讯息，也辅助文字表现。当我们在撰写策划或商品介绍时，适时地加入照片，往往可以达到相辅相成的目的。换句话说，策划以文字为主，以摄影为辅，摄影的内容，自然当以文字内容为主。在规划拍摄时，应先了解文字内容，再做详细规划和安排。

这里，笔者以一本传记文学策划时书内所需的照片举例。通常，照片的来源有下列几项：

（1）受访者提供。

（2）历史照片。（来源：报纸、刊物、网络、图书等。）

（3）采访时拍摄。

（4）专场拍摄。

照片拍摄时，应该掌握受访者的特点与风格。照片虽然是为了辅助文字，帮助读者阅读，但也应该顾及照片的品质和主题性，特别是整体照片，应该要与受访者的风格一致或接近。例如，受访者是水力电厂的工程师，照片可以以他工作的场所为背景，受访者穿着工程师的服装，示范他工作时操作仪器设备的情景。这样的照片比拍他本人的个人照要生动写实多了。笔者也采访过农民，他种植有机稻米并且获奖，当时他的农地正在犁田，我们就要求他亲自到田里示范。当他开着犁田的机器一路翻动土地，后面就簇拥着一群小鸟，它们都等着土地翻起来，抢食被翻出来的小虫，这种生意盎然的画面，自然一目了然：这片土地是有机的。还有一次是去采访一位陶艺家，摄影师在聆听采访后，主动摆设了场景，让陶艺家被自己的作品包围着。因为陶艺家作品非常多样而且作品量很大，受限于版面的关系，无法一一拍摄，因此改以与作品大合照的方式，以整体画面烘托艺术家的特色。

至于拍照，一般人对于陌生摄影师通常比较害怕，刚开始拍时，脸部表情会很不自然，这时候摄影师不妨先跟被拍照的主角闲聊一会儿，或是多拍几张。拍的时候，主角不一定要看镜头，可以拍一些主角受访的画面。拍完之后，让主角也看一看。接下来，通常主角就会习惯，甚至还会提出建议呢！

图 9-5 摄影首要考虑的是光线是否充足

1. 光　线

如图 9-5 所示,摄影首先要考虑光线。

光线充足,人的面部表情或特色就比较容易彰显。所以,采访时,如果有摄影需求,一定要考虑摄影的时间和地点,是白天还是晚上? 是室内还是室外? 若有时间,可以在采访前先去勘景;若没有勘景时间,采访最好安排在室外,或是室内光线良好之处。若光线不足,阴天,或是晚上,就要做好补光的准备。

灯光的问题,对于拥有专业器材设备的人,不会造成太大的影响。若没有专业摄影团队,或是没有熟练摄影技巧,也应该在去采访摄影之前,自我学习训练,从掌握光的三要素训练起。光是摄影的魔术师,不同的光线下,主角也会有不一样的呈现结果。

光的三要素为:强度、方向及色彩。本门课不是专业摄影课,主要是让学生了解摄影基础理论与如何拍一张我们想要拍的照片，即做到构图简单、主题明确、画面清楚，至于能否拍出意境，还需要靠学生们的用心深造。

　　首先要说的是强度，包括亮度、距离等。光源的亮度与被拍摄人物之间的距离是首先要考虑的，光源分为直射、反射（反光伞）、漫反射（反光板）等，我们在拍摄时没有这些专业道具，也可以利用现有的光源。其实，在笔者采访的过程中，发现摄影记者多喜欢自然光，自然光最好、最省事，变化也最多，在向阳面、背光面都可以拍出不同的感受，特别是人物特写，在自然光的巧妙安排下，可以拍出很不一样的氛围。光源不足时，烛光、台灯、白墙，都可成为辅助光。另外，一天中近中午的时间最不适合拍照，因为阳光过强，以及光源在头顶，都是造成拍摄效果不佳的因素。太阳太大也不适合，常常被拍的人眼睛被太阳晃得都睁不开。背光、逆光也是拍照的大忌。这些理论有许多参考书可以参考，但自己要拍得理想，还是需要多多练习。学生们可以彼此作为对方的摄影模特，尝试在不同的光线环境下练习拍照，并且彼此讨论。因为被拍的是自己，会非常在意拍的结果，也会注意到小细节，是增加自己摄影功力的好方法。此外，多看一些专业摄影集，学习他们作品中安排光线的方法，以及人物位置和光线之间的关系，相信也会有许多学习心得。总之，学生需要对摄影有基础的掌握度，才能不让照片产生减分效果（见图9-6）。

图 9-6　光线照射使建筑物不仅清晰而且富有美感

2. 构　图

构图是一张照片空间的规划，例如摄影构图中的九宫格构图法，就是用四条线把画面分成九个小区块，而这四条线的交点，就是安排摄影主体的最佳位置（见图9-7）。

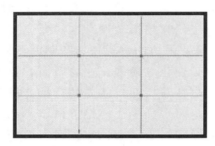

图 9-7　摄影初学者常用到的九宫格

要做到布局平稳、主题明确、意境丰富、结构简单，就要把握构图重点，现在手机或相机多有这样的辅助工具。

3. 清理场地

拍照时，学生最常犯的小错误就是只顾摄影，忽略摄影空间的状态，所以拍出来的照片画面凌乱，根本看不出主题是什么。就好像我们到旅游区，站在人挤人乌压压的一群游客中拍照，画面就会变得复杂，不清楚谁是主角（见图9-8）。

图 9-8　旅游区人山人海，主角常常淹没在人群中

在人物采访拍照时，场面虽不像在旅游区那样复杂，但在拍照时除了注意主角，也要注意拍摄画面中的环境。比如画面中杂物要清除，或是把主角安排在一个背景简单、光线充足的场景中。笔者在带队到天一总局陶园拜访居民时，发现屋主人有几张漂亮的椅子，是有百年历史的老物件，雕工精细、保存良好，看得出屋主人对其很爱护，因此笔者要求为这些家具拍照。不过，老屋子里东西摆得非常凌乱，要整理也整理不完，而且有许多是私人物品，不宜触碰移动。所以笔者最后在征得屋主人的同意下，选了一张较为轻巧的木椅，把它搬到户外阳台，在夕阳余晖中，拍下它美丽而精致的影像。这个案例笔者也当场分享给学生们，让学生知道拍摄有时也是需要临场应变的。学生们全程参与，笔者也随时解说，算是一个成功的现场教学示范案例（见图 9-9 ）。

图 9-9　夕阳余晖中，拍下这张椅子美丽而精致的影像

若无法随采访一起拍照，例如天气不适合拍照，时机不适合拍照，或是想要拍节日庆典活动、工程施工，都需要特定的时间。这时候，最好能准备好拍摄脚本，让摄影团队可以知道拍摄的时机和重点，能够提供摄影团队行前说明更好，或是采访人员随队也是不错的方法。在对天一总局进行航拍时，由于主题在于建筑聚落，因此，一开始会先有一个拍摄脚本，行前与摄影人员沟通，介绍建筑物名称、坐落、

建筑特色，让摄影团队有初步的了解，并可以将脚本转换成镜头，以利现场拍摄。其实，在现场拍摄时，还是有许多突发状况，例如电线太多，影响航拍机飞行路线，建筑物高度超乎预期，还有就是天井的高度，这些都使拍摄无法达到预期效果。

人的拍摄，清楚第一，若能捕捉神态更好。王安石《明妃曲》有一句："归来却怪丹青手，入眼平生几曾有。意态由来画不成，当时枉杀毛延寿。"是说王昭君虽然美，但却美在意态，这种无形流露和动态表现的部分，即使是画家毛延寿也是很难画得出来。拍照也是一样，一个眼神、一个微笑、一举手、一投足，都可能流露人物特有的神态，但这不易捕捉。在笔者的既有工作经验中，这种自然而然的流露，通常是受访者在谈自己故事聊得正起劲的某个瞬间。所以，笔者总觉得拍人物照最好的时机，就是采访同时，摄影师在一旁最好也细心观察，这样拍出来的照片往往非常生动（见图 9-10）。

图 9-10   拍一张好照片，为文字提供更生动的记录

作业：

（1）学生各以一位人物、物件为主题，练习九宫格构图法。

（2）摄影光源掌握练习：以同一位主角在不同光源强弱下拍摄，并讨论效果。

（3）找一本自己最喜欢的摄影集，从光线、构图等分析照片拍得好的原因。

（4）尝试在室内拍摄人像，并讨论效果。

4. 照片使用同意书

当照片不是自己拍摄时，需要提供照片出处或是经过提供者的同意方可使用，避免侵权纠纷。学生可以在取得照片时，准备一份简单的照片使用同意书，让对方了解照片使用方式。

照片使用同意书

兹同意×××使用本人提供照片于×××书籍中，用以作为图片说明，并不得用于他处。

照片提供者×××
日　　期

五、微电影制作

由于学生文创商品多利用网络营销，拍微电影做宣传，是很实际又有效的方法。微电影的制作需要先有剧本与脚本。除了一个人执行，也可以一组人进行，借由分工合作来完成。

2018 年笔者教授"微制作概论课程"，教学生学习微电影撰写和执行，剧本、脚本、录影、剪辑一步步落实。"微制作"的范围涵盖面很广，笔者以微电影为教课主题，一方面是因为微电影在现今的需求性和实用性，另一方面，剧本、脚本等撰写也是文学院写作课程的延伸，可以增加学生的学习经验。因此，尽管课程名称为"概论"，为了让学生获得完整知识，并学得摄影、剪辑等技巧，为未来实用性着想，笔者还是让学生以最终交上一部自己制作的微电影为目标。

微电影的主题是"天一总局"，这是位于学校一个小时车程之外的国家重点文物，具有百年历史，无论是建筑本体或是人文历史故事，材料都是相当丰富的，非常适合制作成一部微电影。

目前，天一总局建筑群中之装饰性构件及其文化内涵并无专题研究，由于整个建筑群装饰性构件数量庞大，加上郭家后代现居其中，许多杂物需要整理，调研费时耗日。闽南师范大学文学院以地利之便，笔者计划在此课程中，带学生亲赴调研，并采访郭家后代与角美居民，从生活地域基础调研，进而从建筑装饰性构件研究着手，企图以资料汇整与探析，梳理天一总局庞大建筑构件的规划与文学文化内涵，并通过带有纪录性质的微电影制作，让学生了解此一建筑的时代背景故事、人物，并为建筑与人物留下影音纪录。

调研以分组方式进行，学生中有的一人一组，希望以一人之力完成本次课堂学习；也有多人一组，分工合作，完成较大型的微电影。在介绍过天一总局历史与现状，以及本次课程学习目的后，笔者要求学生进行深度资料搜集与撰写题目拟定。

微电影制作的步骤为：

（1）设定主题方向：由教师说明确定主题的缘由和主题背景基本介绍。

（2）搜集资料：由学生自己深入搜集资料，并从中找到自己有兴趣的题目方向。

（3）教师教授大纲撰写格式和方法。学生撰写大纲，通过教师的审核。

（4）提交现场采访与拍照计划，通过教师的审核。

（5）教师教授采访流程与注意事项。带领学生第一次现场采访与拍照。

（6）教师教授剧本撰写格式和方法，提供优秀剧本范例参考，学生修改大纲，撰写剧本。

（7）师生针对剧本讨论与修订，剧本定稿。

（8）教师教导脚本写作方式以及注意事项，学生依照剧本撰写脚本。

（9）脚本讨论与修订，脚本定稿。

（10）依照脚本第二次到天一总局现场拍摄与采访。

（11）确认制作微电影步骤与方法。

学生们依照这样的课程设计与安排，有序地认识天一总局的大时代历史故事，融入自己的剧本中，一步一步架构自己的微电影。

在这里，笔者也提出一些执行过程中的经验分享，例如第一次拜访天一总局，因为时间限制与经验不足的关系，学生们大多数无法搜集完整的资料，或是在撰写初稿时，发现许多疑问。因此在汇整了大家的状况后，笔者规划了第二次的拜访。这次拜访主要是补足第一次采访的缺失和不足，在出发前必须先让学生列出自己要采访与工作的清单，并且和笔者讨论确定后，这个清单才能成立。也就是说，在出发前，学生应该要清楚知道自己为何要第二次去天一总局，要补足哪些欠缺资料，要准备哪些工具，这样才不至于到现场后徒劳无功。

　　出发前，笔者要求学生们提供清单，并面对面讨论，了解撰写主题、进度、内容，以便做提醒，或是提供补强的建议。身为教师，也必须对表现优秀的学生给予鼓励，一方面为学生打气，另一方面也让优秀学生起示范作用。例如，有学生以村里三个女人为故事主轴，描写那个时代妇女在家中的角色，通过家信表现对远方亲人的思念以及担心等，这是相当好的转换技巧。在采访搜集资料过程中，有关女性的文字资料相当稀缺，因为当时妇女没有念书，地位较低。但是在家中男人到南洋工作后，女人就担起家中一切，也是相当辛苦。在侨批文件中，这类型资料深深感动着这位学生，因此她就以三个女性建构当时的女性图像，人物刻画与情节都相当生动。通过对话转换侨批中的文字，是相当灵活的方法（见图 9-11）。

图 9-11　天一总局的电影脚本

由于时间相隔已远，现居天一总局的已是郭有品第六代后裔，学生们问的问题也不一定都答得出来，因此文献资料与现场观察成了架构作品不可或缺的材料。为使这次能毕其功于一役，这次出行，学生们以小组方式分工，面对各自需求，每个小组各自安排成员的工作内容，相互合作，协同完成任务（见图9-12）。

图 9-12　学生以团队合作方式，完成一部优秀的微电影

本次课程重点有下列几项：

（1）学习组织团队，通过分工、彼此支援，完成任务。

（2）习得采访沟通礼仪、技能，对采访内容有较深层次的解读。

（3）对于前次采访、摄影、录影的缺失进行弥补和改进。

（4）习得写作技巧、人物与事件描述方法、摄影录影技巧，具备一定程度的创作水平。

（5）详列小组成员、工作清单。（每一个人既是自己工作团队的负责人，也会是其他小组的成员。依照自己的专长，在各个团队提供支持和协助，并且从中获得经验与资讯。）

学生的整体策划，就是要由搜集的资料中，找出自己有兴趣构思与可能发展出剧本的题目，规划自己的剧本、脚本，发展出一部叙事完整的微电影作品，其中摄影技巧和使用设备器材也是一门学问，有兴趣的学生可以再往这方面研究和学习。另外，虽然手机也能拍摄和剪辑出微电影，但实际上也会因为每位学生手机的配置不同而有差别。学生也会在外租赁摄影器材，这不失为一种解决方案。

微电影创作中需要字幕，字幕的内容与数量，应该要配合影像，否则，影像播完了，文字还在屏幕上，就会让观众觉得不够专业。文字可以单独成为字幕，也可以成为旁白，在执行上需要多次尝试，并因旁白者不同而做调整。

下面提供微电影字幕范例："诚信永流传"，如表 9-1 所示。

表 9-1　微电影脚本

影像	字幕	备注
	"诚信永流传" 漳州人航向世界的一篇动人史诗	提供书法字体
	"天一总局"位于漳州市角美镇流传村，自 1880 年建立，历经创建、拓展，是当时中国与海外华侨的重要信汇航道，而创办人郭有品诚信经营的始末，以及"天一总局"独特优美的建筑，纪录着这段感动人心的故事，"天一总局"可称得上是漳州人航向世界的一篇动人史诗	
	2018 年，我们第一次走进这栋百年历史建筑，通过资料汇整、采访纪录，重新认识天一总局，并为这段历史补遗，为漳州创作新的文学作品，讲述这个漳州人勇于挑战、不忘祖国的故事	
	从高空俯瞰，天一总局的建筑群分为办公与居住两大部分	

续表

影像	字幕	备注
大厝	大厝，郭家人居住的地方。 宽阔的前院，所见皆是雅致的雕刻与墨画，就连屋脊都有交趾烧装饰的民间故事	
两侧门楣	两侧门楣上，是郭家的家训："为善最乐，读书便佳。" 常为善，郭家建校布施，慷慨捐献；爱读书，郭家诗书教化处处化身在雕梁画栋间	
大厅	走进大厝，正厅悬挂郭有品与他三个儿子的照片	
镜子	一侧镜子，上面有各分局的落款，是昔日天一总局经营分布的历史见证	
花砖	大厝侧墙上最美的花砖来自德国，一直延续到宛南楼，仿佛宅子里一年四季花团锦簇，让老房子洋溢光彩	

影像	字幕	备注
百花门扉 	推开百花门扉，中庭院子四周精彩无限	
梁柱上 	梁柱间，狮子、人物、雀踏热闹游走其间	
青石砖 	四合院中庭的墙壁，满是黛蓝色寿字延绵，上面坎着朱砂红的福字典雅，这两个字都出现缺边的设计，整体喻意"福寿无边"	
宛南楼 	门顶繁复的曲线，是典型巴洛克式建筑风格，唯美浪漫，恰与《诗经》的语句相互唱和	
陶园 	郭家宅院里最恬静的地方。 　　二楼视野极佳，百果园在望，恰如屋内对联："园林烈日酒初熟；庭户开时月正圆。"	

续表

影像	字幕	备注
老奶奶 	如今徐宝慧老奶奶独居在此。通过她的转述，我们仿佛听见陶园取信乡亲们的声音	
百果园 	陶园外是百果园，亭台池榭、草木显秀，处处流露陶渊明田园之乐的闲适	
北楼 	天一总局的办公楼，气派宏伟、格局方正	
	南洋式建筑隐含中式格局，中西式雕件兼容成趣	

续表

影像	字幕	备注
北楼屋顶 天一的商标就位在整栋建筑的最高处俯视 屋顶上一对狮子仍然屹立、气宇轩昂	天一的商标就位在整栋建筑的最高处。 这里曾是乡亲们取汇的所在，全中国侨汇 2/3 从这里往返。 如今，北楼四周的青石板仍然完好，仿若静待繁华再现。 历经风雨百年，屋顶上一对狮子仍然屹立、气宇轩昂，始终护卫着这栋建筑，与一旁静静流动的九龙江水，一同传唱天一总局航向世界的不朽史诗！	
结束	制作：高显莹 剪辑：5M	

六、从市集活动开始暖身

商品销售除了被动陈列，也可以主动出击。目前，台湾高校学生流行到市集摆摊，这些市集都是合法并且免费提供给年轻人使用，只要提出申请，都有机会，目的是协助年轻人走向文创之路。

市集有专人管理，摊位摆设、动线、清洁卫生都有专人负责，又不用花钱，很受学生的欢迎。

台湾从南到北都有各种不同市集，早期有假日花市、假日玉市，让市民在假日有一个休闲的好去处。由于推行效果不错，渐渐又发展出以文创为主题的市集，例如台北市信义区的四四南村，这里以小农的农产品为主，也有手作果酱、面包饼干。每周六、日有主题性的市集，已经成为当地特色市集。在西门闹区红楼前，是手作文创大本营；诚品敦南店一直是文艺青年的重要据点，游客也很多，很早就吸引年轻学生课后摆摊，因为是在人行道上，摊位数量有限，这里的文创类型则以服饰、文具居多。华山艺文特区周边空旷，是后起之秀。宜兰头城火车站前的文创园区，以"女力"为主题，强调女性的创造力，这里的市集摊主必须是女性，当然以女性用品居多。2019 年 7 月，笔者在悉尼参加了一场圣诞市集，因为澳大利亚在南半球，7 月是北半球盛夏，却是南半球的冬季，当地依节日举行了主题性的市集，吸引不少采购人潮。笔者在现场也和摊商聊了一下，了解到这次市集主要的特色是推广当地农产品和手工品，并以推广环保与生态为摆摊商品的重点。现场有应景的食物和手作的节日装饰品，因为是手作，所以较能表现创意。木雕和油画作品多出自当地居民，现烤的饼干采用当地生产的面粉和馅料，让人很有新鲜感。笔者被其中一个卖乳液和精油的小摊吸引，这个摊子不仅有设计感，附近还弥漫着清新的植物香气，向摊主打听，才知道这些香氛是她跟当地小农一起合作生产的，强调有机之外，瓶子也是当地设计师设计和当地制造。这样的创意其实在世界各地都有，贴近当地小农，以创意为农产品创造较高的利益，同时也创造差异性。因为强调环保，瓶身的玻璃可以再利用或回收，包装采用再造环保纸（纸张回收后打浆再利用），还在包装上注明，很能打动消费者（见图 9-13）。

图 9-13　强调环保的设计师，商品很独特

在文创市集上，不断打造自己的特色，参加主题性的市集，是学生在市集选择上的重要考虑。因为与同性质的商品聚集，可以相互学习，获得意想不到的销售经验。

笔者其实很喜欢逛市集，不仅在台北逛文创市集，在北京的潘家园挑老绣，就算到海外各地开会，也都会尽量抽空逛逛当地的市集。若是旅行，市集更是必去之地。经过市集调查，目前文创商品在分类上，大致有：配件饰品、文具卡片、提袋包包、鞋子袜子、衣着古董、居家生活、当地美食。千万别以为这些文创只能赚小钱，其中也有不少由小做大，行遍世界，例如中国台湾的珍珠奶茶，一颗颗嚼起来很有口感的珍珠，跟漳州的莲子圆很像，都是用地瓜粉做的，传到台湾因为粉粉透明的，加上主材料跟莲子无关，就用了"粉圆"的称呼，虽然是源自巷弄的小吃，却在创意上玩出了食材新花样，如今成了风靡世界各地的商品。

文创市集不断向外扩展，成为学生初试身手的首选。学生在市集上可以先测试自己的商品优缺点，不断改进后完善自己的创作（见图9-14）。

图 9-14　澳大利亚的圣诞文创市集

　　文创市集重点多在手作，现场展示是很重要的一环，学生可以在现场操作中，一步步展示自己的创作理念和细节特色，多一些说明和互动，可以让消费者更深刻地了解你的文创商品，进而购买。在笔者采访的学生中，多半会在市集现场展示手作作品，例如卖羊毛毡的同学，就在现场制作。笔者在采访时也观察到，他现场制作与不制作的两种情况下，在他摊子前停下脚步的人数比例是 10：1。笔者觉得他的作品在外形上比较没有创意，跟一般的绒毛玩具很类似，倒是戳羊毛毡的过程很有趣，甚至应该说有点疗愈感。笔者建议学生可以加上现场学戳羊毛毡的收费课程，让人自己动手做自己的羊毛毡。他也觉得很可行，因为他也发现，原本因为摊子前没人，很无聊，所以才动手做，没想到每次一做羊毛毡，又开始有客人盯着他问东问西。他也觉得笔者的建议很好，决定加些工具，下次开现场制作课。

　　另一位做纯银首饰的学生，采用现场接单定做方式。主要是因为饰品是一种比较主观的商品，需求者往往有自己佩戴的习惯。以往他都是先做好再带到市集来卖，但发现效果不好，现场要改又改不了，于是他把消费者最想要的设计部分带到现场，以满足客户需求，为自己创造商机。这种量身定做的概念，原本是高级定制服饰或顶级珠宝的销售模式，因为是以设计为卖点，也很适合文创。

　　消费市场是多变的，文创讲求创意，注重分众市场，因此在包装、营销和宣传方式上，也要力求创新，甚至还要更贴心。例如：专为老年人设计的商品，在外包装上要考虑老年人的特点，说明的字体大一点、颜色要明显，至于字体该多大，可以在设计时先做一下市场调查，以样品提供给目标消费群，让他们为你的作品把关。

　　包装的作用很大，是文创不可忽视的一环，希望大家深入思考，为自己的商品做好上架前的最后一道设计把关！

第十章
他山之石

世界各地的文创起步或早或晚，既有优秀的成果，遇到的挑战也不少，都值得参考。

从文创人的角度看来，文创作品里含有文化元素和创意构思，是在老祖宗的基础上变新花样。我们初学者可以先模仿，学好基本功，再进一步寻求创新。好在现今从事文创的人多了，大家可以在其中找出一条适合自己的文创之路。

一、从学习到创新

以台湾早期的脱蜡琉璃创作来说，"琉璃工坊"与"琉园"是台湾脱蜡琉璃文创的代表。脱蜡琉璃技术过程繁复，在市场追求高级珠宝、古文物的时代，琉璃是很普通的东西，家居摆设还多是字画和瓷器，所以接受度并不高。脱蜡琉璃是在商家不断的宣传中，才渐渐被了解和接受，并通过比赛、博物馆收藏、限量制作等营销方法，获得市场认同。

琉园后来从琉璃走向瓷器，也让我们看见传统里绽放出新的商机。诚如琉园设计总监王侠军所说，他的瓷器是要走一条新的道路，有自己的主张，挑战前所未有的精湛工艺，才能跳脱出既往。他的想法，阐明文创的重点在于从传统走向创新，在掌握传统工艺技术后，加上自己的创意设计，让文创商品展现新的特色。

掌握传统工艺技术，其实就是掌握文化元素的核心技能。文创产业中，绝大多数人无法像这些琉璃工作者，既是手艺传承人，又是文创商品设计师。绝大多数的设计者与制作者是分开的，通过合作，完成创作。但设计者若能掌握制作工艺，甚至能亲自操作，就更能掌握材质与工艺的限制，进行突破与创新。王侠军的瓷器就具有这个特色，他在瓷器造型上的创新，都是需要挑战瓷土与窑烧的限制，因此最终能在造型上有新的表现。

　　台北忠顺社区的文创也是在十多年的不断尝试中，才走出自己的社区特色。近几年更把经验分享给福建平潭的上楼村。忠顺社区最大特色，在于以艺术创作作为社区经营的重要项目。社区人多事杂，要集结大家不容易，艺术创作的活动，却很受欢迎。于是曾里长结合社区里的艺术家彩绘壁砖与茶杯，集体创作，不但成为具有代表性的社区文创，也促进了社区的团结。

　　曾里长善于使用当地资源，来到平潭上楼村，并非把台北经验全部复制。她花了很多时间在村里调研，才决定先与上楼村携手启动社区环境整洁，彩绘社区公共空间，并重修村里的百年石头屋。在空间设计师的修缮计划中，让颓坏的石头屋焕然一新，成为社区学习文创的场所与两岸青年的文创基地（见图 10-1）。

图 10-1　上楼村石头屋成了两岸青年的文创基地

　　虽然有里长的支持，两岸青年在一起发展文创，还是需要策划。他们先以台湾小吃为主题，吸引村民参加手作活动，又规划亲子一起做点心，吸引附近居民参加。未来准备配合季节与当地的国际赛事活动，推出导览服务。年轻人的想法很多，村民也很支持，这为他们的创业提供了很好的契机。

以台湾本地原料制作手工肥皂闻名的阿原，让我们在每日洗手沐浴之间，嗅到土地的芬芳，也感受到手工皂的质感。在台北城市座谈会中，阿原非常谦虚地表示，他自己只是一个肥皂行业从业者，还谈不上是文创产业。只是当年，当他看见欧洲手工肥皂风靡市场，一方面惊觉手工肥皂竟然也可以成为一种事业，但另一方面，他也相当不服气，心想：难道我们就做不出来属于本地的手工皂吗？于是，抱着一种希望，他自己买地种本地药草，设计差异化包装。他鼓励创业青年，找到属于自己认同的部分，再从内向外，找到品牌独一无二的迷人风味。

学生进入文创产业，因为没有经验，最好的途径就是先从生活中找点子，从既有的东西做变化。好比传统家用肥皂本来外观不怎么样，有人看见国外有加入花草的精油手工皂，用起来很舒服，觉得可以仿效，就学着加入当地特有的花或植物萃取，还请当地的老奶奶织布当作包装，相当特别。笔者的朋友在社区教授手工皂制作，他也加进当地特有的左手香叶子萃取液、姜汁、野姜花精油、桂花，虽然还是手工皂，但他让这些皂有了香味和功效上的特色，在商品上也算是一种创新，未来还准备让社区民众自己做布包，将这些手工皂包做成社区文创商品（见图 10-2）。

图 10-2　加上当地植物元素，让手工皂有了当地的特色

　　学生学习文创就像学徒一样，一开始不太可能有石破天惊的创意，都是要从小处着手，从模仿开始学习，就像写书法一开始要临摹是一个道理。而木匠、金工师傅训练学徒，也是从基本的工法学起，而且一学就是好几年，除了工法，美学修养也是修炼中不可或缺的要项。学生在求学之际忙于考试，没有办法细嚼生活滋味，最欠缺美的修养，上了大学，要赶紧弥补这一块，多参观博物馆、画廊，看一些有关生活美学的书，例如论述饮茶器皿之美的蔡襄《茶录》，文震亨谈论园林治园的《长物志》，在生活中培养自己的美学素养（见图 10-3、图 10-4）。

图 10-3　从小培养艺术能力，增加个人文创涵养①

图 10-4　从小培养艺术能力，增加个人文创涵养②

　　这里，笔者想分享一个创业范例。

　　从前，老一辈的观念，总是希望孩子一毕业就能找一份稳定的工作。随着时代变迁，新一代的年轻人可不这么想。笔者曾经采访过许多创新团队，他们的创业，正反映当代青年充满创意能量！

台湾的市场很小，竞争很激烈，商品推出后，所有业主最大的心愿，都是希望能开发新客户、创造新业绩，但让顾客走进店里，可不是一件容易事。"记趣科技"观察发现，中小企业或店家，通常不愿意雇用专业营销人员，店老板宣传与销售一把抓，往往效果很差。特别是商家不愿意花钱做营销，没有建立品牌形象意识。于是他们开发了一款"优惠多"社群网络创新服务，以科技结合创意，帮助店家解决营销问题，在商业模式中开展了新的契机。

这款营销模式荣获 Intel APEC 创业挑战赛及全球创新创业竞赛的奖项。记趣科技执行长说："在智慧手机几乎人手一个的时代，网络不仅是资讯的传递工具，更成为生活的一部分，通过社群网络创新服务经营模式，马上就能让资讯变成商机。"

记趣科技的组员虽然年纪轻轻，但在财务、营销、业务和资讯的领域，都拥有实务经验，整个团队积极又活泼，他们以客户需求为导向，跳出传统的广告资讯促销单方面行进模式，以分享创造互动商机，"因为社群爱分享的特质，让'转发朋友'，化为成群结队享优惠，让商机从 online to offline 真正落实"。这的确在众多营销手法中，开创出一条令人惊艳的发展之路。例如送饮料优惠券活动，一上线，短短三小时，千张优惠券就告罄，让业者惊呼社群力量大；这样呼朋引伴所享的折扣活动，也为客户创造前所未有的客户来店数，"优惠多"的创意不仅可行，而且比起传统的营销模式还要高效，最主要是因为创意贴近目标消费群的真正需求。

因为卖的是营销创意，不是技术，必须随时修正服务内容。设计网站门槛不高，但营销创意可以多变，特别是社群的人，整天多在网络上浏览，见多识广。所以，营销方式不但要实际，而且还得别出心裁。"优惠多"就是基于这样的同理心，让消费者愿意分享店家的优惠，果然，促销魅力大增，业者也很开心。

营运资金部分，刚起步时，为了节省成本，团队并没有花大笔资金开发程式，仅是从创意概念产生模组雏形，通过市场沟通，找到适合的厂商，了解真正的需求，确认合作执行时，才进一步深入制作。

好的创意，也必须让大家满意。至于如何产生老板、顾客都喜欢的创意，记趣科技说，他们会先研究商家的产品，还会照顾他们的投资效益，考虑客户规模与营运资金的不同，认真做功课，为厂商量身定做不同的收费机制，创造三赢局面。这之间运用了资料收集、研究、市场调研和详尽分析的方法，才走进创意部分，跟我们在课堂上谈文创要注意的部分以及学习的步骤是一样的，只是规模大小区别而已。

二、十年磨剑

创业其实是一条辛苦路，讲求创意的文创产业更是如此，在笔者多年的采访经验中，有一点成就的，都需要十年左右的深耕。这十年间，有的在摸索市场，有的在找资金，有的寻求技术突破和申请专利。总之，十年磨剑期似乎是新创公司免不了要经历的。这让笔者想起自己写的一本财经书《诚信与圆满》，这是笔者为一家成立四十年的公司所写的企业专著，这家公司叫作"康那香"。当时，这家公司是不织布亚洲第一、全球第五的厂家。别以为这家公司一成立就有什么了不起的背景，事实上，一开始这可是一家负债而且快倒闭的公司，靠着创意与诚信，这家公司一路走来，不断披荆斩棘，最终走进一片不织布的桃花源（见图 10-5）。

图 10-5　《诚信与圆满》（高显莹著）

还记得在一个阳光灿烂的日子，笔者走进康那香最新的第五厂房，先进崭新的设备，完全跳脱出前四代的技术，空气中飘着一股新机器运转的味道。放眼望去，一大片连绵不断的不织布飘在机架上，阳光在布与布之间流转的美感，那种惊艳，是辛苦四十年后才有的动人。

或许是采访过太多的成功企业，笔者对经营事业这件事有很深的敬畏，总觉得这是无法速成的，就像抛物线一样，想要抛得远，最高的中间点绝不会近。十年磨剑是一个企业的成长阶段，就像小孩子要学走路一样，都是有时间限制的。

或许其中也有快速发展的，这些团队一定在成立之前就有基础，就像笔者一个学生想要开一个香的文创公司，原因是她从小就在制香的香料里打转，她对香的认知比一般的学生更深、更广。若不知道自己何时会从事文创产业，那么，不如把十年磨剑的时间往前推一点，平常多涉猎，凡事关心，事事好奇，多和室友、社团伙伴建立真感情，或许有一天，文创就能水到渠成。

当然，学校若有育成中心更好。毕业于台北科技大学的学生，多选择自己母校的"台北科技大学创新育成中心"，作为创业营运总部的基地，不仅因为环境熟悉、交通方便，就连背后支持他们的老师，也为营运提供了源源不竭的能量。但创业的背后，不仅只有想法，更有非常缜密的计划。当全球重视创业已经成为趋势，我们整个社会应该以正面开放的态度，鼓励年轻人创业。当然，创业所需要的各种资源，也必须精准到位，特别是创业初期的资金，更是需要政府有关单位策略性的支持，不仅能帮助青年实现梦想，更能推动他们成为新一波强国力量。

三、文创基地（育成中心）

育成中心在台湾的历史已久，主要是一些以理工和技术为主的高校，有感于学生毕业后有创业的需求，却欠缺技术与资金等相关支持，因此在学校既有的师资、设备、闲置空间等资源基础上，为毕业学生提供创新创业帮助。这些学生多是硕士毕业，在论文指导教师的教导下，有研究基础和实践经验，毕业后留在育成中心，以团队的方式朝向成立公司商号等商业形式运作（见图 10-6）。

图 10-6　青年文创商品展示中心

这种方式在最初几年取得不错的成果，新竹清华大学、新竹交通大学等都有不错的成绩。各校因此不断成立育成中心，以孵化创业团队为宗旨，帮助学生毕业后，更加顺利完成创业。

笔者在几次访谈育成中心的成功案例中，也发现几个有趣的现象，就是这些团队通常都是大学整天腻在一起的死党，不是同一个宿舍，就是一起打篮球的队员。这种长久培养的默契，让大家一起度过创业最初期的艰难，例如几个月发不出薪水、没有业绩、技术有瓶颈、找不到投资人、资金快花光了等一些初创者常常会面对的困扰。相较于一群人的创业模式，育成中心里也有单打独斗的一人公司，这类多半是艺术出版类或是手艺类，例如木工、美编设计等。他们有的是希望通过群聚方式，以学校育成中心为品牌，学校会提供宣传、营销和训练。若是学生接单后，不是自己专长的，还能转单给其他学生，同时每一个人又能财务独立，保有完整的设计理念坚持。

大学育成中心提供哪些创业资源和协助？

（1）技术研发协作：确认企业进驻申请与需求、谋合教师学生与厂家产学合作、开创技术商用价值与实践商转。

（2）企业经营培训：提供新创团队需要的创业课程培训、提供成果展示场地、帮助人才招募、举办各式论坛与其他育成中心交流。

（3）伙伴资源合作：谋合校园创业团队资源共享、寻求创投资金进行资金投注。

（4）创新实验场域：打造新创团队交流互鉴的机会、安排团队进驻空间和聚落、提供实验场地和机械租赁。

（5）政府计划资源：申请政府补助计划、争取标案成为委外执行单位。

（6）宣传：建立平台，并与其他类似育成中心合作，共同宣传中心的活动与展销。

（7）国际比赛：辅导参加国际比赛或创投基金、天使基金举办的选拔比赛。

（8）企业参访：了解海内外企业创新运作模式，提供经营面专业知识与最新资讯。

（9）接轨创意与市场：举办各类型销售，帮助团队市场测试，协助创作者进行经营方针的调整与产品定位。

最近几年，诚品书店在松烟经营文创相当成功，为了以松烟为中心向外扩散文创效益，就在松烟旁边推出了文创园区，邀请文创团队入驻，由松山文创园区营运中心负责营运管理和推展。园区里设施一应俱全，除了设备、对外交通，还有台北创意学院就近支持（见图10-7）。想要办活动，园区也有场地租借。有别于科技的文创，松烟文创园区为扶植具备原创精神的创作者，从创意构思到市场模式，又成立"松烟创作者工厂"，为个人、工作室、品牌设计师等文创业者提供从创作交流、国际合作，到资源链接的帮助，优化竞争力以扶植创意产业群聚。比较富有手作精神的包包服饰、木雕家饰、艺术设计服务、摄影设计、产品设计、包装设计、陶艺作品等，这些堪称是时下最受欢迎的文创商品，已经跳脱出以往只谈设计创意，开始偏重手作的美感。这个美感有一个名字，叫作"温度"，就是有人的情感，有人的故事，这好像又回到以往中国传统的作坊，强调自家口味、独门配方，或是纺织丝绸上绣花一针一线的坚持。大家应该对这种手工业时代的东西不陌生，故宫里哪件精品不是出自匠人艺师千锤百炼的亲手操刀？所以，学生如果不会电脑绘图，不会包装，笔者都会拿古代与现今手作商品的例子示范，让学生一方面有信心，另一方面也不至于找借口！

在众多手作例子中，笔者最喜欢漳州古城里的手作产业。古城从唐宋时代开始有人居住，官民居住与商业空间规划井然有序，城里至今还保留成行成市的规模。其中，在修文西路上，有一条竹制百货商品街，现场就有手作竹椅子、竹梯子、竹篮子，这些手工多是出自妇女之手，妇女手巧，活也轻，靠的是手艺。老板娘工作虽忙，却愿意和学生合作。所以，笔者建议学生设计一些竹制文创商品，并请老板娘帮忙做样品。再往前走，还有一家笊篱店，也还是保留手工制作方式。手编织的方法看似不难，却需要一股巧劲，还不能戴手套，所以老板娘的手都长茧了。她说，原本漳州古城很多人制作笊篱，但现在都被机器取代，大多数都转业了。

图 10-7　富邦艺术基金会让年轻艺术家的作品走进公共领域

这种编织技艺起自中国，传到日本，京都的辻和金网以此手艺做成铜茶漏，一个要价人民币七八百；在厦门大学，文创设计者把这种工艺设计成大型吊饰，可见再小的工艺，都有机会发展出一门文创。所以，笔者建议学生多关心我们身边的文化元素，认识并学习传统工艺，结合日常用品，开发出更有当地特色的文创商品！（见图10-8）

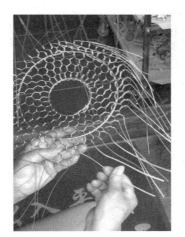

图 10-8　漳州的手工艺，在厦门大学的逸夫楼餐厅成为装饰艺术

中国文化延绵数千年，不断老树发新芽，代代相传，为我们的日常带来雅致。今天我们文学院谈文创，最重要和最有意义的部分，莫过于让书本中的文化资料可以走进普罗大众的生活中，滋养我们这一代的日常，让日子不仅要过得好，更要过得优雅而有创意！

文化参与及消费调查问卷

　　您好，我们是闽南师范大学文学院的学生，正在进行一项关于漳州民众文化参与及消费情况的调查，为此设计了这份问卷，希望您能据实填写。谢谢您！

【受访者基本资料】

1. 请问您的年龄是？

□（1）15～19岁　□（2）20～24岁　□（3）25～29岁

□（4）30～34岁　□（5）35～39岁　□（6）40～44岁

□（7）45～49岁　□（8）50～54岁　□（9）55～59岁

□（10）60～64岁　□（11）65岁及以上

2. 请问您的教育程度是？

□（1）小学及以下　□（2）初中　□（3）高中（职）

□（4）大学专科/大学本科　□（5）研究生及以上

3. 请问您目前从事的行业是？

□（1）军人　□（2）教师（含教育服务业）

□（3）农、林、渔、牧业　□（4）矿业及土石开采业

□（5）制造业　□（6）电力及燃气供应业

□（7）用水供应及污染整治业　□（8）建筑业

□（9）批发及零售业　□（10）运输及仓储业

□（11）住宿及餐饮业

□（12）资讯及通讯传播业（含影视、新闻及音乐出版）

□（13）金融及保险业□（14）不动产业

□（15）专业、科学及技术服务业□（16）支援服务业

□（17）其他公共行政及国防；强制性社会安全（非军人及公务人员）

□（18）医疗保健及社会工作服务业

□（19）艺术、娱乐及休闲服务业（含文艺展演及流行音乐表演）

□（20）其他服务业□

□（21）学生□（22）无业/待业中

□（23）已退休□（24）其他（请说明）＿＿＿＿＿＿＿

□（25）不知道/拒答

4. 请问您的个人月收入是？

□（1）没有收入□（2）1000 元及以下

□（3）1001～2000 元□（4）2001～3000 元

□（5）3001～4000 元□（6）4001～5000 元

□（7）5001～6000 元□（8）6001～7000 元

□（9）7001 元及以上　□（10）收入不固定

【电影】

5. 请问您近一年内，到电影院/戏院（售票电影院）看电影的频率是？

（1）＿＿＿＿＿＿＿场次/年，国产电影观看部（次）数为＿＿＿＿＿＿＿场次/年

（2）没有去过电影院看电影

【电视广播】

6. 请问您近一年内，平均每周花多少时间观看"电视"？（指观看依电视系统或传播业者节目表播出的电视节目，含无线数字、有线及有线数字电视等。）

（1）＿＿＿＿＿＿＿小时/周

（2）没有观看过电视节目

7. 请问您近一年内，平均每周花多少时间收听"广播"？（含调频及数字广播等依节目表即时播出的广播，通过网络收听即时数字广播，通过网络下载或收听非即时性的节目也包含在内）

（1）_____小时/周

（2）没有收听过广播

【报纸/杂志/书籍阅读】

8. 请问您近一年内，平均每周花多少时间阅读"实体杂志"？

（1）_____小时/周

（2）未阅读过实体杂志

9. 请问您近一年内，平均每周花多少时间阅读"实体报纸"？

（1）_____小时/周

（2）未阅读过实体报纸

10. 请问您近一年内，平均每周花多少时间阅读"书籍"？

（1）_____小时/周

（2）未阅读过书籍

【表演艺术类】

11. 请问您近一年内，欣赏现场"流行音乐"的频率为？（如演唱会、演奏会、晚会、音乐节、签唱会等活动。）

（1）_____次/年

（2）未欣赏过现场流行音乐活动

12. 请问您近一年内，欣赏现场"古典与传统音乐"[非流行音乐，如民族音乐（国乐、南北管、地方歌谣及戏曲等）、西乐（声乐、弦乐、管乐、歌剧、键盘乐、室内乐及爵士乐等）]的频率为？

（1）_____次/年，其中门票付费的活动次数为_____次/年

（2）未欣赏过现场古典与传统音乐活动

13. 请问您近一年内，欣赏现场"现代戏剧类"（如舞台剧、音乐剧、歌舞剧、话剧、儿童戏剧及木偶戏等）相关活动的频率为？

（1）_____次/年，其中门票付费的活动次数为_____次/年

（2）未欣赏过现场现代戏剧类活动

14. 请问您近一年内，欣赏现场"传统戏曲类"[如歌仔戏、京剧、昆曲、传统偶戏（如布袋戏、傀儡戏及皮影戏）、客家戏、说唱艺术（如相声等）]相关活动的频率为？

（1）_____次/年，其中门票付费的活动次数为_____次/年

（2）未欣赏过现场传统戏曲类活动

15. 请问您近一年内，欣赏现场"舞蹈类"（如舞蹈、街舞、现代舞、芭蕾舞及民族舞蹈等）相关活动的频率为？

（1）_____次/年，其中门票付费的活动次数为_____次/年

（2）未欣赏过现场舞蹈类活动

16. 请问您近一年内曾通过网络进行过哪些文化活动？（可多选）

□（1）线上观看或下载影片

□（2）线上观看或下载电视节目

□（3）线上音乐欣赏或下载（含直播）

□（4）收听网络广播节目

□（5）浏览网络新闻/杂志

□（6）线上阅读小说、书籍（含电子书）

□（7）阅读其他的网络文章（如博客等社群网站，PTT 等 BBS 站的文章）

□（8）建立博客或个人专属网页

□（9）下载游戏或玩网络游戏

□（10）其他，请说明_____

□（11）都没有【跳答第 20 题】

17. 上述您近一年内通过网络所进行的文化活动（16 题的 1～10 项），除上网费用外，请问哪些为付费活动？（可多选）

□（1）线上观看或下载影片

□（2）线上观看或下载电视节目

□（3）线上音乐欣赏或下载（含直播）

□（4）收听网络广播节目

□（5）浏览网络新闻/杂志

□（6）线上阅读小说、书籍（含电子书）

□（7）阅读其他的网络文章（如博客等社群网站，PTT 等 BBS 站的文章）

□（8）建立博客或个人专属网页

□（9）下载游戏或玩网络游戏

□（10）其他

18. 请问您从事上述线上文化活动的时间为_____小时/周。

[16题回答（5）（6）（7）者回答]

19. 请问您平均一周进行数字阅读（浏览网络新闻/杂志，线上阅读小说、书籍，阅读其他的网络文章）的时间为_____小时/周。

【视觉艺术类】

20. 请问您近一年内曾参与或欣赏过的现场视觉艺术展览展示活动类型有哪些？（可多选）

□（1）绘画书法类

□（2）装置艺术与新媒体艺术类

□（3）摄影类

□（4）雕塑类

□（5）设计类（如时装设计、家具设计、珠宝设计等）

□（6）工艺类（如陶瓷）

□（7）都未欣赏过

21. 请问您近一年内，参与或欣赏上述"视觉艺术类"现场展示活动的频率是？

（1）_____次/年，其中门票付费的活动次数为_____次/年

22. 请问您近一年内是否参加过下列文化相关的展览活动？（可多选）

□（1）书展□（2）动漫展□（3）影视展

□（4）其他文创展

□（5）都未参加过

【文艺民俗节庆活动】

23. 请问您近一年内参观或参加过的文艺民俗节庆活动类型包括哪些？（可多选）

□（1）国家庆典

□（2）传统与民俗节庆

□（3）艺术节

□（4）其他（请说明）＿＿＿＿＿＿＿＿

□（5）未参观或参加过（跳答 25 题）

24. 请问您近一年内，参加过几次文艺民俗节庆相关活动？

（1）＿＿＿＿＿＿次/年

（2）未参加过

【文化艺术机构与设施】

25. 请问您近一年内是否去过国内的博物馆，类型为？（可多选）

□（1）美术馆/艺术馆（艺术类）：文学、绘画、音乐、舞蹈、雕塑、建筑、戏剧、电影

□（2）科学博物馆（科学与技术类）：资讯科学、交通运输、应用科学、天文

□（3）历史/人文博物馆（历史与人文类）：历史（名人故居或历史事件等）、民族学、人类学、民俗学

□（4）自然类博物馆：动物、植物、地质、海洋、生态

□（5）产业博物馆：饮食、服饰、体育、娱乐

□（6）其他（请说明＿＿＿＿＿＿＿＿）

□（7）未去过博物馆

26. 请问您近一年内在国内参观博物馆的频率是？

（1）＿＿＿＿＿＿次/年，其中门票付费的次数为＿＿＿＿＿＿次/年

（2）未参观过

27. 请问您近一年内在国外参观博物馆的频率是？

（1）_____次/年，其中门票付费的次数为_____次/年

（2）未参观过

28. 您最近两年内去过下列哪种文化机构或文化艺术场所？（可多选）

□（1）博物馆/名人故居/纪念馆/文物馆/文化馆

□（2）表演艺术中心及专业表演场所

□（3）综合性文艺活动场所

□（4）社区文化活动中心

□（5）图书馆

□（6）艺术村/文创园区

□（7）百货公司/卖场/书店/餐厅附设展演空间

□（8）民俗机构

□（9）古迹/历史建筑/聚落/文化景观/遗址

□（10）其他（请说明_____）

□（11）都没有

【文化相关学习与发表】

29. 请问您从小到大，曾经学习过哪些文化艺术类（如写作、绘画、乐器、歌唱、书法、作曲）的相关技艺？

□（1）西洋乐器演奏

□（2）传统乐器演奏

□（3）舞蹈

□（4）传统戏剧表演

□（5）现代戏剧表演

□（6）歌唱或声音训练

□（7）词曲创作

□（8）绘画、书法

□（9）摄影类

□（10）手工艺类、雕塑类、设计类

□（11）写作类

□（12）其他，请说明＿＿＿＿＿＿＿＿＿＿＿

□（13）都没有

30．请问您近一年内，是否曾于网络、报刊、其他媒体上发表作品，或是进行公开表演、展示文化及艺术作品，类型为何？（可多选）

□（1）于网络发表作品

□（2）于报刊发表作品

□（3）公开表演

□（4）公开展示艺术作品、工艺品、设计品、文创商品等相关作品

□（5）其他，请说明＿＿＿＿＿＿＿＿＿＿＿＿＿＿＿＿

□（6）都没有

【文化消费】

31．请问您近一年内曾进行过下列哪些文化消费？（可多选）

□（1）各类门票（含电影、展演活动、文化设施等门票）

□（2）购买书报杂志（含电子书）

□（3）购买或租借 CD、DVD

□（4）付费欣赏或下载网络电影、电视节目、音乐等作品

□（5）购买乐器、乐谱

□（6）购买艺术品（原作）

□（7）购买文创商品、工艺品、文艺周边商品

□（8）付费学习文艺技艺

□（9）付费参与工艺体验活动、参与艺文讲座

□（10）购买或参与电玩、电竞、网络游戏等

□（11）其他＿＿＿＿＿＿＿＿＿＿＿＿＿＿＿＿＿＿

□（12）都没有

32. 请问近一年内您个人整体文化消费金额约多少元？

□（1）1000 元及以下□（2）1001 元~5000 元

□（3）5001 元 ~ 10 000 元□（4）10 001 元~20 000 元

□（5）20 001 元 ~ 30 000 元□（6）30 001 元~50 000 元

□（7）50 001 元 ~ 100 000 元□（8）100 001 元~150 000 元

□（9）150 001 元 ~ 200 000 元□（10）200 000 元以上

参考文献

[1] 范小春. 文化创意产业新趋向[M]. 上海：上海三联书店，2017.

[2] 白庆祥，李宇红. 21世纪文化创意产业系列教程，文化创意学[M]. 北京：中国经济出版社，2010.

[3] 中央电视台财经频道，骆幼伟. 把小创意做成大生意[M]. 天津：天津社会科学院出版社，2011.

[4] 刘克，王曦. 北京文化创意企业孵化器研究[M]. 北京：清华大学出版社，2017.

[5] 赵继敏. 城市文化创意产品发展研究——以北京为例[M]. 北京：科学出版社，2017.

[6] 蒋勋. 美，看不见的竞争力[M]. 北京：中信出版社，2015.

[7] 李泽厚. 美的历程[M]. 上海：生活·读书·新知三联书店，2014.

[8] 肖丰，陈晓娟，李会. 民间美术与文化创意产业[M]. 武汉：华中师范大学出版社，2012.

[9] 陈建宪. 民俗文化与创意产业[M]. 武汉：华中师范大学出版社，2012.

[10]《台湾文化创意产业大赏》编委会. 台湾文化创意产业大赏（下册）[M]. 福州：福建美术出版社，2013.

[11] 沈婷，郭大泽. 文创品牌的秘密，从创意、设计到营销[M]. 南宁：广西美术出版社，2017.

[12] 李庆本. 文化创意产品[M]. 北京：北京师范大学出版社，2015.

[13] 李天铎. 文化创意产业读本——创意管理与文化经济[M]. 台北：远流出版社，2011.

[14] 郑涵，金冠军，张莹. 文化创意产业读本[M]. 上海：上海交通大学出版社，2013.

[15] 赵英，向晓梅，李娟. 文化创意产业现状与发展前景[M]. 广州：广东经济出版社，2015.

[16] [德]克劳斯·昆兹曼. 文化、创意产业与城市更新[M]. 唐燕，译. 北京：清华大学出版社，2016.

[17] 谢梅，王理. 文化创意与策划[M]. 北京：清华大学出版社，2015.

[18] 魏鹏举. 文化创意与产业导论[M]. 北京：中国人民大学出版社，2010.

[19] 汉宝德. 文化与文创[M]. 台北：联经出版事业股份有限公司，2014.

[20] 汉宝德. 美，从茶杯开始：汉宝德谈美[M]. 桂林：广西师范大学出版社，2006.

[21] 喜林. 寻台北生活设计好店[M]. 北京：清华大学出版社，2016.

后　记

　　很多人问我，文创要怎样做才能做好。我的回答是：除了技术，还有心态。

　　一件事要做好，首先"心态"很重要。《庄子》一书，首篇《逍遥游》，讲的就是要就像支道林所言，"物物而不物于物"。要跨越知识与常识的门槛，不受外物所支配。文创追求创意，不仅要对自己的东西有想法，还要有自信。"心态"是指面对一件事所保持的态度，我认为做文创应该要抱持一种尊重的态度，严谨、专心、贴心，文创可以做着自己好玩。我认识一位年长的陶艺家，他从手作拉坯上釉到窑烧，一手包办，慢慢做、细细做，有时没创作灵感不做，有时天候气温不对也不做，釉料调不对了也不做。他抱着不完美不留人间的态度，经过长达十年的反复研究，终于玩出属于他自己的陶艺特色。

　　其次是"认知"，文创源自文化创意，虽然强调要有新意，但创作的物件里面一定要有文化内涵，并在现今生活中能够使用。既然要强调创意，那么对文化的认知和呈现的深度与广度是不可少的。"认知"是指对文化内涵了解的程度，传统文化有其发展轨迹，更有其应用条件。身为文学院的学生，这一点是必须把握好的。

　　最后是不断的操作练习。文创其实并不陌生，传统工艺，都是根植在既有的成就上不断创新，所谓"后出转精"，正点出我国文化的这项特点，瓷器、绘画、雕刻……哪一个不是如此。今日我们从事文创，元素俯拾皆是，但基本功还是免不了的，相信只要学生不断精进，都会有圆满的成果！

从文学文化的知识积累走向文创，中间最大的挑战就是创意与策划，因为这所涉及的知识领域相当广泛，除了针对主题项目学习知识与搜集资料，还必须拥有营销专业知识与市场调查的技能。这对文学院的学生来说，实在是一种新的视角。很高兴，这学期有七十几位学生主动学习这门课程，他们在理论学习上不仅融会贯通，同时也在多次练习中，不断朝向专业创新的路前进。学生们可以针对我出的主题，从无到有策划自己的文创项目，写出合乎市场需求的策划书。第一次接触课程的学生，为了完成作业，必须自己在课外找资料自我充实，所以，这门课的课业量相当大。

上文创课的学生心态都很好，他们其中有许多怀抱梦想，如希望进入公司营销部门、开咖啡店、为家乡做香的推广等。因为学生态度严谨，学习认真，即使上课听得似懂非懂，下课和放假时还会找我讨论。因为态度热忱，原本我担心的技术问题，反而变得不那么重要了，学生们都会想出各种办法解决。而学期结束前的成果，不仅令人满意，有些还令人惊喜。特别是这一门课原本只学理论与策划，但我觉得光纸上谈兵是不够的，一定要操作一遍才有感觉。这种加重学业负担的要求，学生们也觉得有必要，大家在欣然接受的心态下，完成了我在课堂之外的要求。

在学习结束之际，尽管我只要求学生写好策划书，但还是有几位学生坚持完成自己的文创作品。特别是手作打样部分，反反复复，不断提高自己的标准。在他们每一次呈现阶段作品时，其求好的精神，令我暗自佩服。有一位学生制作香囊，香囊上的手绘是学生自己的创作，香囊中还放置他亲手在家乡摘的桂花，巧思与创意，令

许多学生欣赏；另一些学生为文学院设计手提袋也是煞费苦心；还
有一个小组，以家乡泉州的香业为主要元素，他们不仅走进文化，
更心系家乡的传统产业，值得称赞。

　　撰写本书之际，还有几位学生正在落实创作的路上，从他们提交
作品的态度与用心，我知道，他们正在一步步朝着文化转换成生活之
美的路上前进。我不仅盼望见证他们在文创课程中结出美好果实，更
对他们未来的文创事业充满期待！

高显莹

2020 年 1 月